IM NETZ –
DIE HYPNOTISIERTE GESELLSCHAFT

Der neue Bericht an den Club of Rome

Juan Luis Cebrián

IM NETZ –

DIE HYPNOTISIERTE GESELLSCHAFT

Der neue Bericht an den Club of Rome

Mit einem Vorwort von Don Tapscott und
einem Geleitwort von Ricardo Díez Hochleitner,
Präsident des Club of Rome

Aus dem Spanischen von Matthias Strobel

DVA

Die Originalausgabe erschien 1998 unter dem Titel
La red. Cómo cambiarán nuestras vidas los nuevos medios de comunicación
bei Santillana S. A. Taurus, Madrid

Die Deutsche Bibliothek – CIP-Einheitsaufnahme

Cebrián, Juan Luis:
Im Netz – die hypnotisierte Gesellschaft : der neue Bericht an den
Club of Rome / Juan Luis Cebrián. Mit einem Vorw. von Don
Tapscott, einem Geleitw. von Ricardo Díez Hochleitner. Aus dem
Span. von Matthias Strobel. – Stuttgart : Dt. Verlags-Anstalt, 1999
   Einheitssacht.: La red <dt.>
   ISBN 3-421-05307-3

© 1998 by Juan Luis Cebrián
Published by arrangement with
UnderCover – International Scout Network
© 1999 Deutsche Verlags-Anstalt GmbH, Stuttgart
für die deutsche Ausgabe
Alle Rechte vorbehalten
Lektorat: Jan Engelmann
Satz: DVA Büro Düsseldorf
Druck und Bindearbeit: Clausen & Bosse, Leck
Printed in Germany
ISBN 3-421-05307-3

INHALT

DER BEGINN EINER DEBATTE

von Ricardo Díez Hochleitner,
Präsident des Club of Rome

Ungewißheit und Angst sind Gefühle, die angesichts des näherrückenden dritten Jahrtausends überall auf der Welt zunehmen. Doch wird der Wandel hin zu einer globalen Gesellschaft im neuen Jahrtausend entscheidend davon abhängen, inwieweit die neuen Kommunikationsmedien unser Leben verändern. Viele gebildete Mitbürger sehen dies als große Chance an, während andere es als gewaltige Bürde begreifen.

Kommunikationsformen bilden zweifellos die Grundvoraussetzung für neue Wege des Fortschritts und der Innovation. Der Club of Rome selbst existiert überhaupt nur dank der Kommunikation in ihren vielfältigen Ausprägungen. Er ist zu großen Teilen eine »virtuelle« Institution, die auf Dokumentationen, Berichten und Debatten von Angesicht zu Angesicht basiert, in denen sich immer wieder auf lebendige Art und Weise der unschätzbare Wert persönlicher Interaktion beweist.

Ungefähr 140 Teilnehmer, Mitglieder des Club of Rome, Politiker, Intellektuelle, Wissenschaftler aus 38 Ländern und fünf Kontinenten diskutierten die Frage: »Wie sollen die neuen Kommunikationsmedien die Gesellschaft verändern?« Unterstützt wurden sie von führenden Spezialisten der UCLA, des MIT, des Laboratory for Computer

Science, des MIT Media Lab, Microsoft, Oracle, Xerox, PictureTel, Acer, ASCII, ABB Europe, ICL und anderen Organisationen. Diese Debatten stützten sich auf den Bericht des Club of Rome, den unser Kollege Juan Luis Cebrián auf der Jahreskonferenz in Washington D.C. im Oktober 1997 vorgestellt hatte.

Mit seinen Hunderten von Mitgliedern aus 50 verschiedenen Ländern – nicht zu vergessen seinen Ehrenmitgliedern, Mitstreitern in Institutionen und nationalen Partnerverbänden – befaßt sich der Club of Rome mit weltweiten Problemstellungen. Er versteht sich als Katalysator für Veränderungen und als Zentrum für Innovationen und Initiativen mit dem Ziel, durch seine Studien und Debatten auf unabhängiger Basis mögliche Lösungen aufzuzeigen.

Die Informationsgesellschaft bietet außerordentliche Chancen, bedeutet aber auch eine große Herausforderung, der wir uns aktiv stellen müssen. Davon ausgehend möchten wir intensiv darüber diskutieren, wie sich unsere Gesellschaft entwickelt und wie man sie angesichts der Möglichkeiten, die uns die neuen Technologien oder Neuen Medien bieten, umgestalten kann.

Die neuen Technologien eröffnen Chancen zur Lösung sozialer, wirtschaftlicher und ökologischer Probleme. Dank Telearbeit, Online-Shopping, medizinischer Ferndienstleistungen und Homebanking vermögen sie in wachsendem Maße räumliche und zeitliche Entfernungen zu überbrücken. Darüber hinaus treiben diese Technologien, indem sie die Ausbildung individuell zuschneiden und leichter zugänglich machen, einen Lerntypus voran, der für das ganze Leben maßgebend ist. Dennoch ist die Informationsgesellschaft als Ergebnis unzähliger solcher Entwicklungen durchaus eine ambivalente Angelegenheit. Zum Beispiel reden viele dem Untergang der Gutenberggalaxis das Wort, obwohl doch die kulturelle Entwicklung mehr denn je vom Buchdruck abhängt. Gegenwärtig verdoppelt sich der weltweite Wissensbestand alle fünf Jahre und entwickelt sich so zu einem wesentlichen Produktionsfaktor. Außerdem gestatten »Informationsautobahnen« nicht automatisch freie Fahrt für jeden. Vielmehr sind sie verstopft, voller »Verkehrskontrollen« und »Ampeln«, und erzeugen immer weitere Ungleichheiten innerhalb und zwischen den Gesellschaften. In diesem Sinne heißt es in der Abschlußerklärung der Konferenz, daß »die neuen Informationstechnologien, die den Wandel in unseren Gesellschaften beschleunigen, die Menschheit dazu zwingen, sich den neuen Beziehungen in Zeit und Raum anzupassen. Ein solch radikaler Wandel erfordert einen intelligenten Umgang mit diesen neuen Medien und Informationsmitteln. Transparenz und globaler Zugang zu Information werden in den kommenden Jahren für interaktive Kreativität und weltweite Solidarität unabdingbar sein. Die humanistische und die wissenschaftliche Perspektive müssen miteinander versöhnt werden, damit diese Grundvoraussetzungen erreicht werden können.«

Die positiven Auswirkungen der neuen Medien und Informationstechnologien können verstärkt und ihre negativen Folgen abgeschwächt werden, wenn wir aktiv an der Demokratie teilnehmen, Verantwortungsbewußtsein entwickeln, unsere Rechte und Pflichten wahrnehmen und weltweit Schulungsprogramme einrichten.

Führende Politiker und Unternehmer müssen davon überzeugt werden, wie wichtig die Informationsgesellschaft ist und welche Folgen sie zeitigen wird.

Der anschließende Bericht des Club of Rome bietet Gelegenheit zu Debatte und Diskussion auf Grundlage unserer Anregungen. Wie wissen, daß einige der Vorstellungen, die wir hier der Öffentlichkeit und dem Fachpublikum präsentieren, durchaus kontrovers sind. Dennoch sollte man diesen Bericht als einen Beitrag zu einem besseren Verständnis dafür ansehen, inwieweit und auf welche Weise die neuen Kommunikationsmedien bereits jetzt einen Hauptfaktor für die Veränderungen in unserem Leben darstellen und wie sich diese Entwicklung in naher Zukunft in praktisch allen Bereichen verstärken wird: beim Zugang zu Information und Wissen, bei Geschäften, den Finanzmärkten, dem Handel und dem Umgang mit der Umwelt.

Wir sind davon überzeugt, daß der globale Ansatz des Berichts und seine vielen innovativen Ideen die größtmögliche öffentliche Aufmerksamkeit verdienen, insbesondere seitens der Entscheidungsträger in öffentlichen und privaten Institutionen, der Intellektuellen, Erzieher, Experten für soziale Kommunikation und all jener, die sich für Kommunikation im allgemeinen, für Information, Bildung, Solidarität und Ausbildung interessieren – als Weg zu einer friedlichen Entwicklung der Gesellschaften, zu demokratischer Stabilität und sozialer Gerechtigkeit.

Die in diesem Bericht – den zu erstellen der Club of Rome unserem Kollegen Juan Luis Cebrián kurz vor unserer Konferenz in Buenos Aires 1995 übertragen hat – enthaltenen Vorschläge sind in der Zwischenzeit von den Mitgliedern des Club of Rome einer neuerlichen Diskussion unterzogen worden, sowohl in den Versammlungen des Exekutivkomitees als auch auf der Jahreskonferenz in Washington D.C. Die Komplexität der Materie, die Unabsehbarkeit von Innovationen in der Spitzentechnologie und ganz allgemein die Unübersichtlichkeit der heutigen Welt verbieten eine einfache und allgemeingültige Antwort auf den gesamten Fragenkomplex. Daher begrüßt der Club of Rome mit ehrlich empfundener Dankbarkeit diesen Bericht als einen wichtigen Beitrag zu der notwendigen öffentlichen Debatte über eines der wichtigsten Themen unserer Zeit. Was allerdings nicht notwendigerweise impliziert, daß auch alle seine Mitglieder vollkommen mit dem Inhalt einverstanden sind.

Ricardo Díez Hochleitner

Im Namen der Mitglieder des Exekutivkomitees
des Club of Rome
Belisario Betancur, Vizepräsident
Bertrand Schneider, Generalsekretär
Ruth Bamela Engo-Tjega
Umberto Colombo
Orhan Güvenen
Yotaro Kobayashi
Eberhard von Koerber
Ruud Lubbers
Manfred Max-Neef
Samuel Nana-Sinkam
Felix Unger

Vorwort

DIE DIGITALE TECHNIK –
HOFFNUNGEN UND GEFAHREN

von Don Tapscott [1]

In den neunziger Jahren hat sich die digitale Revolution im Umfeld des Netzes verdichtet. Über hundert Millionen Nutzer – Berechnungen zufolge werden es irgendwann im kommenden Jahrzehnt mehr als eine Milliarde sein – machen aus dem Netz ein Phänomen, das kein Geschäftsmann, Politiker oder wacher Zeitgenosse ignorieren kann. Das erste Jahrzehnt des 21. Jahrhunderts wird weitreichende Veränderungen und einen tiefgreifenden Wandel in Wirtschaft, Politik, Unterhaltung, Gesellschaft und der geopolitischen Situation mit sich bringen.

Auf den ersten Blick erscheinen solche Behauptungen überzogen. Dennoch ist es nicht übertrieben, wenn ich sage, daß wir gerade die ersten turbulenten Tage einer Revolution erleben, die in ihrer geschichtlichen Dimension nur wenige Vorläufer aufweist. Ein neues Medium für die menschliche Kommunikation ist im Entstehen begriffen, das durch seine möglichen Auswirkungen auf unser wirtschaftliches und soziales Leben am Ende alle anderen Revolutionen in den Schatten stellen könnte: den Buchdruck, das Telefon, das Fernsehen, den Computer. Die sogenannten Datenautobahnen und ihr Archetyp, das Internet, ermöglichen eine neue Art von Wirtschaft, die auf einem Netzwerk menschlicher Intelligenz basiert. In

dieser digitalen Ökonomie erwirtschaften Individuen und
Unternehmen Vermögen, indem sie ihr Wissen, die vernetzte menschliche Intelligenz und ihre ganze Kraft auf
den Gebieten der Industrie, Landwirtschaft und Dienstleistungen einsetzen.

Klar dürfte sein, daß die ersten vierzig Jahre der digitalen
Revolution nur ein Vorspiel waren. Schon sehr bald werden wir viel größere Veränderungen durchleben. Die Verbindung zwischen Computern und Kommunikationsnetzen wird die meisten Geschäftspraktiken und Konsumge-
wohnheiten verändern. Im Zuge dieses Prozesses sehen
sich alle Organisationen zahlreichen und tiefgreifenden
Veränderungen ausgesetzt, die alle gleichzeitig stattfinden,
etwa hinsichtlich von Konvergenz, Wettbewerb, Globalisierung und der Notwendigkeit neuer Qualifikationen.
An der digitalen Front dieser Wirtschaft ändern sich gerade die Protagonisten, die Dynamiken, die Spielregeln und
die Voraussetzungen für den Überlebenskampf und das
Streben nach Erfolg.

Transformationen von einer ähnlichen Größenordnung
in den wirtschaftlichen und sozialen Beziehungen auf diesem Planeten lassen sich an einer Hand abzählen. Wie in
dem Bericht des Club of Rome gezeigt wird, ist dies ein
Augenblick großer Chancen, aber auch großer Gefahren.
Die Initiative des Club of Rome wie auch sein Bericht sollten mit Wohlwollen aufgenommen werden. Es gibt viele
Fragen, die diskutiert werden müssen, und dieses Buch
stellt einen wertvollen Beitrag zu dieser Debatte dar. Ebensowenig wie ich werden auch Sie mit allen Schlußfolgerun-
gen einverstanden sein. Sie werden aber Ihr Denken anre-
gen. Wir brauchen dringend eine tiefergehende Diskussion und neue Leitlinien, wenn die kommende Phase der
Menschheitsgeschichte eine Ära der erfüllten Hoffnungen
und der rechtzeitig abgewendeten Gefahren werden soll.

Zeit der Hoffnungen

Das Netz wird zur volkswirtschaftlichen Basis für die weltweite Erzeugung von Reichtum. So wie früher Elektrizität, Straßen, Brücken und andere Bedingungen die Infrastruktur für den alten Wirtschaftstyp auf der Basis von Industrie und Rohstoffgewinnung schufen, so bildet das Netz die Infrastruktur für eine neue Ökonomie des Wissens. Ich bin davon überzeugt, daß keine Gesellschaft sich im globalen Wirtschaftssystem erfolgreich behaupten wird, die nicht auf eine intelligente Netzstruktur und auf aktive und informierte Nutzer zählen kann.

Dies hängt damit zusammen, daß die entwickelte Welt immer weniger eine Industriewirtschaft darstellt – mit Stahl, Automobilen und Straßennetzen als ihren wichtigsten Komponenten –, sondern sich vielmehr zu einer digitalen Ökonomie entwickelt, deren Grundlagen Silizium, Computer und Netzwerke sind. Auch besteht durchaus die Möglichkeit, daß Schwellenländer höherentwickelte Nationen überholen, neue ökonomische Strukturen ausbilden und ihre Konkurrenzfähigkeit damit erhöhen.

In dieser neuen Ökonomie verändern die digitalen Netze und das menschliche Wissen fast alle unsere Produktions- und Handlungsweisen. In der alten Ökonomie waren Information, Kommunikation und Transaktion physischer Natur. Beispiele dafür sind Bargeld, Schecks, Rechnungen, Seefrachtbriefe, Berichte, persönliche Treffen, analoge Telefonanrufe oder Radio- und Fernsehübertragungen, Quittungen, Zeichnungen, Projektskizzen, Karten, Photographien, Schallplatten, Bücher, Zeitungen, Zeitschriften, Partituren oder Briefwurfsendungen. In der neuen Ökonomie werden in wachsendem Maße Informationen in jeglicher Form sowie Transaktionen und Kommunikationen zwischen Menschen digitalisiert. Sie werden auf Bits reduziert, auf gespeicherte Computerdaten, die sich mit Lichtgeschwindigkeit durch die Netze bewegen, welche wiederum in ihrer Gesamtheit das Netz bilden.

Die Digitalisierung und Verbreitung von Information und Wissen mit dem Netz als Zentrum hat weitreichende Implikationen.

Viele Jahre lang war der effiziente Umgang mit der Informationstechnologie grundlegend für Wettbewerbsfähigkeit und Geschäftserfolg. Federal Express und Wall Mart bedienten sich der Netze und hatten damit Erfolg. Der Postdienst der Vereinigten Staaten und Sears taten dies nicht und hatten prompt das Nachsehen.

Je mehr sich aber der Handel ins Internet verlagert, desto stärker ändert sich auch die Vorstellung von einer Firma. Die großen Unternehmen bauen ihre hierarchische Organisationsstruktur ab und verwandeln sich in untereinander verknüpfte Organisationen. Kleinere Firmen nutzen die Netze zum Wachstum, ohne die Nachteile einer lähmenden Bürokratie in Kauf nehmen zu müssen. Unternehmensgruppen schließen sich in neuartigen Strukturen und Verbindungen zusammen, um erfolgreich zu sein. Die Zahl der elektronischen Märkte nimmt zu. Wir sind gerade dabei, die Art und Weise zu verändern, wie wir Güter und Dienstleistungen schaffen, vermarkten und verteilen. Es handelt sich hier um den ersten fundamentalen Wandel unserer Geschäftspraktiken seit mehr als einem Jahrhundert.

Schon jetzt ist erkennbar, daß auf dem neuen und flüchtigen Weltmarkt nur diejenigen Unternehmen eine Chance haben, denen der Übergang zu neuen Gewinnstrategien gelingt.

Besonders wichtig ist der Gemeinschaftsgedanke (von dem man viel spricht, aber nur die wenigsten etwas verstehen). Die Beziehungen sowohl zwischen den einzelnen

Firmen als auch zwischen Firmen und Verbrauchern bilden dafür den Schlüssel. Je mehr die Unternehmen lernen, sich zu »intervernetzten« Unternehmen oder, wie ich das an anderer Stelle genannt habe, zu *E-Business Communities*[2] zusammenzuschließen, desto wichtiger werden diese Beziehungen.

Diese E-Business Communities sind eine neue Art der wirtschaftlichen Organisation und nur möglich geworden dank digitaler Technologie. Angetrieben von der Notwendigkeit, die Kosten der Distributionsketten zu reduzieren und schneller auf die Nachfrage der Endverbraucher reagieren zu können, nutzen Firmengruppen Netze, um miteinander Geschäftsbeziehungen zu unterhalten und eng miteinander verknüpfte Produkte oder Dienstleistungen zu kreieren, die sich der Begabung zahlreicher Beteiligter verdanken. Auf allen Sektoren folgen Firmen mit guten Kenntnissen im digitalen Bereich diesem Modell, um so die notwendigen Bedingungen für Wertschöpfung und Marktführerschaft zu schaffen.

Auf dem Energiesektor beispielsweise haben sich 172 Stromversorger zu OASIS (*Online Access and Service Information System*) zusammengeschlossen. Dadurch können die Unternehmen auf einem vernetzten Markt elektrische Energie kaufen und verkaufen. Verhandlungen, die vorher Tage gedauert haben, lassen sich heute mit Hilfe einer Software in Sekundenschnelle führen und Kosten dadurch drastisch reduzieren.

Unternehmen der Spitzentechnologie wie Cisco haben ein digitales Informationssystem geschaffen, das Lieferanten, Zulieferer und Hersteller in äußerst effektiven Kooperationsnetzen miteinander verbindet. Dank einer Unternehmenskultur, die dem grundlegend wettbewerbsorientierten Geschäftsprinzip gerecht wird, sowie dank der Anwendung digitaler Technologie, die es ermöglicht, Informationen in den Verteilernetzen mit den Partnern gemeinsam zu nutzen, hat es Cisco geschafft, bei der Vermarktungsgeschwindigkeit führend zu werden, und das auf einem Geschäftsfeld, auf dem Produkte innerhalb von wenigen Monaten die Hälfte ihres Wertes einbüßen.

In Hollywood können Filmstudios, Trickspezialisten und Bearbeiter durch das Hochgeschwindigkeits- und Breitbandnetz *Drums* (eine Entwicklung des amerikanischen Telekommunikationsunternehmens Sprint) nach dem Fließbandprinzip und in Echtzeit zusammenzuarbeiten. Das hat erstaunliche Auswirkungen: Die Produktionszeit verringert sich um mehrere Monate, und Unternehmen können über das Netz auf professionelle Kreative zurückgreifen. Formen der Zusammenarbeit wie Filmproduktion nach dem Fließbandprinzip oder Videokonferenzen erlauben es Produzenten, Regisseuren und Nachbearbeitern, Probleme schnell zu lösen und Entscheidungen zu treffen, für die man sich ehemals persönlich hätte treffen müssen. In jedem einzelnen dieser Fälle schaffen die neuen unternehmerischen Modelle Produkte und Dienstleistungen über den Weg der Zusammenarbeit.

Die Möglichkeiten reichen weit über den Markt hinaus. Der öffentliche Sektor steht weltweit unter Beschuß. Überall fordern Steuerzahler einen besseren und billigeren Staat. Die Botschaft ist simpel: Kleine Korrekturen reichen nicht aus, man muß den Staat vollkommen neu erfinden. Freilich können die Probleme nicht dadurch gelöst werden, daß man die neue Technologie einem politischen Gebilde überstülpt, das schwere Funktionsstörungen aufweist. Wenn man sie aber richtig einsetzt, können die Netze entscheidend dazu beitragen, das Regieren leichter zu machen. Regierungsprogramme lassen sich über das Netz elektronisch verteilen, was zu qualitativen Verbesserungen führt und die Kosten reduziert. Man kann die Zugänglichkeit öffentlicher Informationen erhöhen und so eine offenere Form von Regierung schaffen. Virtuelle Ministerien können die Arbeit vieler Organe bündeln und so den Bürgern ein einzigartiges Informationsfenster anbieten. Mithilfe des Netzes könnte endlich Schluß sein mit der Bürokratie.

Das digitale Wirtschaftssystem macht eine Umstrukturierung des Bildungssystems nötig und stellt in einem weiter gefaßten Rahmen die Frage nach dem Verhältnis zwischen Ausbildung, Arbeit und Alltag des Verbrauchers. Berufsbildung hat sich zu einer lebenslangen Aufgabe entwickelt. Wenn ein junger Mensch heute seinen Universitätsabschluß macht, hat sich vieles von dem, was er im ersten Jahr gelernt hat, schon wieder erübrigt. In modernen Fabriken wimmelt es geradezu von Computern, Robotern und Netzwerken. Arbeiter lernen fortlaufend mit neuer und komplizierter Technologie umzugehen. Die neue Ökonomie ist eine Wissensökonomie, und so wird die Weiterbildung zum alltäglichen Bestandteil des wirtschaftlichen Handelns. Sowohl die Unternehmen als auch die Individuen haben erkannt, daß sie sich der Verantwortung stellen und weiterbilden müssen, um schlicht funktionsfähig zu bleiben.

Das Netz stellt für die Weiterbildung eine ganz neue Infrastruktur bereit, bietet es doch Möglichkeiten aller Art: angefangen von Enzyklopädien über Universitätskurse, interaktive Schweißer-Lehrgänge, akademische Diskussionsforen oder Bibliotheksrecherchen in aller Welt bis hin zu nützlichen Pflegetips für kranke Hunde. Auch wenn viele Schulen und andere öffentliche Einrichtungen nur langsam auf diese Herausforderungen reagieren, entstehen allerorts bereits innovative Ausbildungszentren. Beispielsweise sind Schulen in aller Welt, in den USA, in Kanada, in Skandinavien, Australien, Singapur und Malaysia, miteinander vernetzt, so daß Kinder Lernmöglichkeiten nutzen können, die effektiver sind als jemals zuvor. Sie haben Zugang zu den neuen Lerntechnologien, lernen auf diese Weise, wie man mit ihnen umgeht, und eignen sich Kenntnisse über die Wirtschaft an.

Werden die Netze zu Veränderungen im Gesundheitswesen führen? Neueste Forschungsergebnisse deuten zumindest darauf hin. Eine Vielzahl von Pilotprojekten in vielen Ländern stützt die Voraussage, daß das Gesundheitswesen besser und billiger wird. Durch experimentelle Kommunikationssysteme von hoher Leistungsfähigkeit können Gesundheitsexperten bereits heute ihre Zeit besser nutzen, und außerdem steht ihnen der Erfahrungsschatz vieler Einzelner in einem großflächigen Gebiet zur Verfügung. Ärzte am Kardiologischen Institut in Montreal (Kanada) können über das Netz Elektrokardiogramme, Ultraschall, Röntgenbilder und Mammographien gemeinsam begutachten. So sparen sie Zeit ein, da die Patienten nicht jeden Einzelnen von ihnen konsultieren müssen. Es existieren bereits Pläne, andere Krankenhäuser an dieses Netz anzuschließen. In einem Versuchsprojekt für Arztpraxen in Alberta unterstützen Spezialisten der Universität Calgary mithilfe von Ton-, Video-, Bild- und Datentransfer Landärzte bei ihrer Arbeit. In Britisch-Kolumbien verwenden die Krankenhäuser verschiedener Städte ein fortschrittliches und äußerst leistungsfähiges Kommunikationssystem, um Fortbildungsseminare per Videokonferenz abzuhalten. Hochaufgelöste Mikroskopiebilder von Gewebe werden verschickt, danach simultan betrachtet und besprochen. Pathologen verringern den Zeitverlust, den die Verlegung eines Patienten in ein anderes Krankenhaus mit sich bringen würde, indem sie statt dessen die Möglichkeiten von Ton, Video und interaktiven Daten nutzen. Und das alles ist nur der Anfang. Die Ein-

führung von Chipkarten, auf denen die Krankenkassen-
daten und eine ausführliche Krankengeschichte verzeich-
net sind, kann Kosten reduzieren und die Qualität des
gesundheitlichen Versorgungsangebots verbessern.

Alle Gesellschaftsbereiche werden hiervon berührt sein.
Denken wir nur an die Forschung. In der Vergangenheit
benutzten Wissenschaftler gewöhnlich einen einzigen Su-
perrechner, um zur Erforschung der Molekularstruktur
die Mechanismen einer biologischen Zellmembran zu
simulieren. Anstatt einer einzelnen Gruppe von Wissenschaftlern einen einzelnen Computer zur Verfügung zu
stellen, könnte man einen weltweiten Verbund von Computern internettauglich machen und auf diese Weise verschiedene Teams unterstützen. Das Netz wird zum Computer – und ist dabei doch unendlich viel leistungsfähiger
als jede Maschine für sich. Angewandt auf die Forschung,
trägt die vernetzte menschliche Intelligenz zur Schaffung
eines höheren Denk- und Wissensniveaus – und vielleicht
sogar eines »intervernetzten« Bewußtseins – bei.

Ich glaube, daß wir uns einem neuen Zeitalter der Hoffnung nähern, einem Zeitalter der vernetzten Intelligenz.[3]
Es handelt sich dabei nicht einfach nur um eine Vernetzung von Technologien, sondern um eine Vernetzung von
Menschen durch neue Technologien. Es ist kein Zeitalter
der intelligenten Maschinen, sondern eines von Menschen, die über die Netze ihre Intelligenz, ihr Wissen und
ihre Kreativität bündeln und steigern, um auf diese Weise
Wohlstand zu schaffen und die Gesellschaft voranzubrin-
gen. Es ist nicht nur ein Zeitalter der vernetzten Computer, sondern auch des vernetzten menschlichen Geistes:
eine Ära großer und neuer Hoffnungen und unvorstellbarer Möglichkeiten.

Zeit der Gefahren

Aber es ist zugleich ein Zeitalter der Gefahren. Individuen, Organisationen und Gesellschaften, die nicht mit der Entwicklung Schritt halten, werden sehr schnell die Rechnung präsentiert bekommen. Nicht nur die alten Wirtschaftsprinzipien, sondern auch Regierungen, soziale Institutionen und die zwischenmenschlichen Beziehungen sind dem Wandel unterworfen. Die Neuen Medien verändern die Art und Weise, wie wir Geschäfte betreiben, wie wir arbeiten, lernen, spielen und sogar wie wir denken. Die digitale Grenze ist in viel höherem Maße als der Wilde Westen ein Ort der Zögerlichkeit, der Verwirrung, der Ungewißheit, der Katastrophen und Bedrohungen. Es gibt Indizien dafür, daß sich im neuen Wirtschaftssystem der Reichtum auf noch weniger Köpfe verteilt, Grundrechte wie das auf Privatsphäre verschwinden und eine Spirale aus Gewalt und Unterdrückung die Sicherheit und grundlegende Freiheitsrechte untergräbt.

Es gibt handfeste Beweise dafür, daß der soziale Zusammenhalt sich aufzulösen beginnt. Die alten Gesetze, Strukturen, Normen und Pläne erweisen sich als vollkommen untauglich für ein Leben in der neuen Ökonomie. Während sie zerfallen oder zerschlagen werden, ist noch nicht ganz klar, was sie ersetzen soll. Überall beginnen sich Menschen zu fragen: »Wird diese kleinere Welt, die wir unseren Kindern hinterlassen, auch besser sein?«

Das Buch, für das wir dieses Vorwort schreiben, erkennt die Möglichkeiten an, die das Netz bietet, indem es beispielsweise sagt: »Dank der Netze, dank der Cyberreise der Bits im virtuellen Raum befinden wir uns in einer Art universellem und vielfältigem Dialog, der keine sichtbaren Grenzen kennt und nur die Einschränkungen erfährt, die wir uns selbst auferlegen.« (S. 72)

Dennoch hat es insgesamt eher die Tendenz, sich auf die Gefahren und Probleme zu konzentrieren, die unsere ganze Aufmerksamkeit erfordern.

Als Alexander Graham Bell das Telefon erfand, dachte er, er habe ein Gerät geschaffen, um schwerhörigen Menschen zu helfen, und dafür wollte er auch in Erinnerung behalten werden. Thomas Edison glaubte, daß sein Phonograph hauptsächlich für Diktate benutzt werde. Johannes Gutenberg hatte keine Ahnung, welche Auswirkung seine Erfindung auf die Gesellschaft haben sollte. Im 15. Jahrhundert aber bedeutete die Druckmaschine mit beweglichen Lettern, daß Bücher allen Menschen zugänglich gemacht werden konnten. Wissen war nicht länger das Privileg einiger weniger. Gutenberg veränderte die Kultur, die Wissenschaft, die Machtverhältnisse, die ökonomischen Strukturen und das Gewebe der Gesellschaft selbst. Auch den Pionieren auf dem Automobilsektor war nicht klar, was für eine Revolution sie losgetreten hatten. Das Auto bedeutete einen Zugewinn an Freiheit, machte die Massen mobiler und trug dazu bei, Wohlstand und Arbeit zu schaffen. Es brachte aber auch schreckliche Nachteile mit sich: Städte, die in Abgasen ersticken, Entfremdung in den Vorstädten, eine Unmenge Verkehrstoter auf den Autobahnen, unkontrolliertes Wachstum der Industriegebiete und verstopfte Straßen. Wie schon die Sängerin Joni Mitchell beklagte: »Sie asphaltierten das Paradies und bauten einen Parkplatz.« Gleichzeitig wurde die Automobilindustrie im 20. Jahrhundert zur treibenden Kraft für das Wirtschaftswachstum in den USA und verschaffte jedem sechsten Arbeiter eine Beschäftigung.

Heute sind wir noch nicht weit genug, um wissen zu können, wie das Netz die Art und Weise beeinflussen wird, wie wir Geschäfte tätigen, arbeiten, lernen und leben. Das Netz durchläuft bereits eine evolutionäre Entwicklung hin

zur Schaffung einer Infrastruktur für eine Digitale Ökonomie. Jedenfalls sind an der digitalen Front dieser Wirtschaft die sozialen Normen, die Gesetze, die Bestimmungen, die Institutionen, die Erziehung und die Gewohnheiten der Vergangenheit untauglich geworden. Anscheinend
gibt es bei dem, was auf uns zukommt, mehr Fragen als
Antworten. Wie können beispielsweise die Unternehmen
und die Gesellschaft im allgemeinen den Übergang so
kontrolliert wie möglich bewerkstelligen? Es herrscht
generell die Befürchtung, daß die Lage an der neuen digitalen Front und in der Gesellschaft der Zukunft ziemlich
ungemütlich werden könnte.[4] Überall geht die Angst um,
daß die Technologie zu Arbeitslosigkeit, Erstarrung und
der Zerstörung der Privatsphäre führt.

Werden wir zu Gefangenen der neuen Technologien?
Wird ein neuer technologischer Imperativ oder ein vom
Markt gesteuerter Determinismus uns die Möglichkeit
verbauen, mit diesen neuen Instrumenten verantwortlich
umzugehen? Können wir Kriterien erstellen für einen Umbau, können wir neue Organisationsstrukturen, Markt-
regeln und eine nützliche Regierungspolitik entwerfen,
die garantieren, daß die Technologie den Menschen
dient?[5]

Jetzt, da diese Veränderungen anstehen, muß man sich der
sozialen Probleme bewußt sein, die weitreichende Maßnahmen erforderlich machen:

• Werden wir eine Gesellschaft schaffen, die trennt zwischen denen, die haben, und denen, die nicht haben? Die
eine digitale Scheidelinie zieht, welche zweifellos die Kluft
zwischen Arm und Reich noch vergrößern würde? *Im Netz*
scheint so etwas anzudeuten, wenn es dort heißt: »Die
Unterschiede zwischen den verschiedenen Gesellschafts-
schichten werden sich durch diese neue Grenze, welche angeschlossene und nicht-angeschlossene Bürger voneinan-

der trennt, in gigantischem Ausmaß vergrößern.« (S. 116)
Ich persönlich bin davon überzeugt, daß wir vieles tun
können, um eine solche Situation zu verhindern. Was
unternehmen Ihre Firma und Ihre Regierung dagegen?

• Der Wandel wird zu Turbulenzen führen. Am Ende
des vergangenen Jahrhunderts arbeiteten in den entwik-
kelten Ländern etwa 90 Prozent der Bevölkerung in der
Landwirtschaft. Heute sind es gerade noch drei Prozent.
Wenn heutzutage ein Werk in Nashville schließt, dann hat
ein entlassener Arbeiter keine Chance, eine Anstellung
bei der Northern Telecom zu finden, weil dort ein ganz
normaler Arbeiter bereits ein Ausbildungsniveau aufweist,
das dem eines Fachhochschulabsolventen entspricht. Die
Tatsache, daß wir uns in eine neue Ökonomie eingliedern
müssen, ist für diesen Arbeitslosen und seine Familie kein
großer Trost. Wie gestalten wir diesen Übergang hin zu
neuen Arbeitsfeldern und hin zu einem neuen ökonomischen Basiswissen?

• Das Netz birgt ein so großes Potential, unsere Privatsphäre unwiderruflich zu zerstören, daß es einen schau-
dern läßt. Die meisten von uns sind der Ansicht, daß wir
das Recht besitzen zu entscheiden, welche persönlichen
Daten wir an wen und zu welchem Zweck weitergeben
wollen. Wir akzeptieren, daß wir dem Staat, Verbänden
und Institutionen einige Details aus unserem Leben preis-
geben müssen, wenn wir Dienstleistungen, Kredite usw.
in Anspruch nehmen wollen. Diese Informationen sollten
aber ausschließlich zu diesem Zweck verwendet und nicht
an Dritte verkauft werden. Und wenn eine Anfrage nicht
gerechtfertigt erscheint, können wir ja immer noch »nein«
sagen. Durch das Fehlen jeglicher Kontrollinstanzen
könnte das Netz diese Vorstellung gänzlich irrelevant machen. Je häufiger zwischenmenschliche Kommunikation,
geschäftliche Transaktionen, Arbeit, Ausbildung und Spiel

im Netz stattfinden, desto mehr nehmen auch Umfang und Art der Information, die in digitalisierter Form über die Netze verbreitet wird, in unvorstellbarer Weise zu. Wie können wir also die Privatsphäre in einer digitalen Gesellschaft schützen?

• Wie wird sich die Digitale Ökonomie auf die Lebensqualität auswirken? Wird Telearbeit eine neue, flexible und angenehme Arbeitsatmosphäre schaffen oder wird sie die Menschen versklaven und zu einsamer Akkordarbeit zwingen? Werden wir in den Datenmengen ertrinken oder werden wir uns besser amüsieren denn je? Der Netzpionier Alan Kay schreibt: »Es ist durchaus vorstellbar, daß es auf den Datenautobahnen eine neue Art von Opfern geben wird, nämlich die Milliarden Menschen, die vergessen, daß es neben den Ausfahrten nach Hollywood oder Las Vegas, der örtlichen Bingohalle oder dem glitzernden Tand der Läden noch andere Ziele gibt!« Wenn die Technologie in Büros, zuhause, in Autos, Hotelzimmern, an Flugzeugsitzen, in Küchen und Bädern immer stärker Einzug hält: Laufen wir dann nicht Gefahr, daß sich die Grenze zwischen Arbeit und Freizeit verwischt? Psychologen haben bereits darauf hingewiesen, daß Mehrfachanforderungen zu neuen streßbedingten Störungen führen können. Oder kann die Technologie das Gegenteil bewirken: Uns befreien, stimulieren und entspannen?

• Welche Auswirkungen werden die neuen Kommunikationsmedien auf die Familie haben? Es besteht durchaus Hoffnung, daß sie zu ihrer Stärkung beitragen werden, indem sie viele Familienaktivitäten nach Hause zurückverlegen, die die Industriegesellschaft ausgelagert hatte. Das betrifft teilweise die Arbeit, vor allem aber die Erziehung, das Einkaufengehen, die Freizeitbeschäftigungen, die medizinische Versorgung, die Pflege der Alten und sogar die Teilnahme an der Demokratie. Aber gibt es nicht auch Gefahren? Glaubt man diesem Buch, so ist das Netz eine sehr individuelle Angelegenheit, »der Cybernaut ist nicht nur ein Navigator, er ist vor allem auch ein einsamer Wanderer.« Ich persönlich glaube das Gegenteil: Das Netz ist im wesentlichen ein Kommunikationsmedium und als solches eine höchst soziale Angelegenheit. Das gilt nicht nur für den Fall des jungen Patienten, der im Krankenhaus liegt und über das Netz mit anderen Jugendlichen, die an der gleichen Krankheit leiden, Kontakt aufnehmen kann. Darüber hinaus nutzen immer mehr Menschen das Netz auf eine Weise, die sie einander näher bringt, etwa Kinder, die sich in der Schule um einen Bildschirm drängen, oder Manager, die ihre Sitzungsräume mit denen aus anderen Teilen der Welt vernetzen.

• Wie bekämpfen wir aber den Schmutz und die Pornographie, die durch die Abwasserkanäle des Internets fließen? Wie können Eltern ihre Kinder vor Gefahren schützen, die teils übertrieben werden, gleichzeitig aber extrem real, krankhaft, gewalttätig, rassistisch, sexistisch und (in Ermangelung eines besseren Ausdrucks) ekelhaft sind? Im Hinblick auf den Wortmüll fragt man sich, wie wir unsere Kinder vor der gewaltstrotzenden und aggressiven »Bit-Literatur« schützen können oder – schlimmer noch – vor Kinderschändern, die im Netz ihr Unwesen treiben, immer auf der Suche nach neuen Opfern? Eine Zensur und ein Großreinemachen im Cyberspace, wie sie der amerikanische *Communication Decency Act* von 1995 vorsah, ist weder durchführbar noch wünschenswert. Dies wird nicht funktionieren, weil – in den Worten des Internetpioniers John Gilmore – »das Netz die Zensur als eine Schadstelle interpretiert, die es zu umgehen gilt.« Außerdem unterscheidet das Gesetz nicht zwischen Obszönität und einem anstößigen Umgang von Erwachsenen untereinander,

der immerhin auf Freiwilligkeit beruht. Die Bundesregierung spielt sich so zum Zensor der Kommunikation zwischen Erwachsenen auf. Deshalb ist dieses Gesetz auch ein noch nie dagewesener Anschlag auf die freie Meinungsäußerung. Wie aber sollen wir mit diesem Problem umgehen?

• Welche Rolle werden die Gewerkschaften in der neuen Ökonomie spielen? Es ist durchaus im Interesse der Arbeiter, mit den Unternehmen und den Regierungen an einem Strang zu ziehen, um die Transformation zu bewerkstelligen. Alle Nationen brauchen wettbewerbsfähige Unternehmen, wenn sie sich nicht mit einer strukturellen Arbeitslosigkeit herumschlagen wollen. Nur läßt sich diese Wettbewerbsfähigkeit auf nationaler Ebene nicht durch Lohndumping erreichen. Generell sind solche Vorhaben ohnehin nicht durchführbar, aufgrund der geschwächten Binnennachfrage und abnehmenden Lebensqualität wenig wünschenswert und außerdem unnötig. Eine Billiglohnpolitik erhöht weder die Wettbewerbsfähigkeit, noch verhilft sie in der neuen Ökonomie einer Nation zum Erfolg. Die jeweiligen Länder haben nur dann eine Chance, Investoren anzulocken, neuen Wohlstand und gutbezahlte Arbeitsplätze zu schaffen, wenn sie zur Erzeugung von Mehrwert auf eine aktive Bevölkerung bauen können, die bereit, motiviert, diszipliniert und gut ausgebildet sowie mit einem entsprechenden Wissensinstrumentarium und einer fortschrittlichen Infrastruktur ausgestattet ist. Wird es aber den Arbeitnehmerorganisationen gelingen, eine umfassendere Rolle zu spielen und zu einem Wandel der institutionellen Strukturen beizutragen? Oder werden sie zu marginaler Bedeutung herabsinken, indem sie ihren Eifer darauf beschränken, die Unternehmer aufgrund kurzfristiger Kalküle zu bekämpfen?

• Was wird in einem netzbasierten Wirtschaftssystem aus den Regierungen oder den Nationalstaaten im allgemeinen? Im vorliegenden Text heißt es dazu: »Das Netz trägt zur Entstehung einer neuen Kategorie bei, einer Art Netzbürgerschaft, die sich selbst organisiert und für die besondere Regeln und gemeinsame Verhaltensweisen gelten. So könnte man sich durchaus vorstellen, daß es einmal einen virtuellen Staat geben wird, mit eigenen Bürgern, eigenen Machtverhältnissen, eigenen Zielen und eigener legitimierter Souveränität.« (S. 138) Anscheinend tun sich viele Regierungen schwer mit den Veränderungen; die Bürokratien sträuben sich schon aus Prinzip gegen einen solchen Wandel und glauben offenbar, daß diese Weigerung ihr Überleben sichert. Aber wie es schon bei Cebrián heißt: »Man kann nicht an der digitalen Gesellschaft vorbei regieren.« Ist es denn vorstellbar, daß es einmal eine elektronische Regierung geben wird, die ihre Aufgaben anders erfüllt? Es ist nicht möglich, den Staat »neu zu erfinden«, ohne die Sozialsysteme vollständig zu erneuern, das heißt ohne drastische Kostensenkungen und ohne eine verbesserte Kundenorientierung im Öffentlichen Dienst. Und abgesehen von den veränderten Handlungsweisen des Staates: Wie können die neue Technologie und die neue Ökonomie das Wesen des demokratischen Prozesses selbst verändern? Wird das elektronische Rathaus vom elektronischen Pöbel übernommen? Wird aus der Cyberdemokratie eine Hyperdemokratie? Oder können wir ein neues Regierungszeitalter schaffen, in dem die vernetzte Intelligenz zu einer Erneuerung der Demokratie führt?

Für meine Begriffe kann man die Zukunft nicht herbeireden, sondern muß sie herbeiführen – eine Zukunft im Sinne des Gemeinwohls.

Führungskrise

Die historischen, technologischen, ökonomischen und politischen Veränderungen sind untrennbar miteinander verknüpft. Harold Innis und sein Schüler Marshall McLuhan haben gezeigt, daß im Laufe der Geschichte neue Kommunikationsmedien politische Veränderungen forciert haben. Innis schrieb schon 1953: »Wissensmonopole oder Wissensoligopole sind schon immer für Kräfte errichtet worden, die im Prinzip bereits aus einer Verteidigungsposition heraus agierten. Der technische Fortschritt hat jedoch immer die Position des Angreifers gestärkt und Umstrukturierungen erzwungen, die letztendlich den alten Kräften zugute kamen.« Oder wie der Direktor der *Alliance for Converging Technologies*, David Ticoll, schreibt: »Im alten Babylon gestatteten es die Bibliotheken aus Tontafeln, ein Wissensmonopol der Priester zu errichten. Die Erfindung des Pergaments und des Alphabets waren der Schlüssel für die beschränkte Demokratie in den griechischen Stadtstaaten und für die Gesetzesherrschaft im antiken Rom. Der Zugewinn an Mobilität, die Einfachheit im Gebrauch und die Haltbarkeit der gebundenen Pergamente, für die das Papsttum und die Mönchsorden sorgten, waren entscheidend für die Schnelligkeit, mit der sich das Christentum ausbreitete. Durch Papier und Druck konnte man religiöse Texte in der jeweiligen Landessprache reproduzieren, was schließlich zur Reformation führte, zum Ende des Feudalismus sowie zur Geburt der parlamentarischen Demokratie und der industriellen Revolution.«

In den klassische Hochkulturen hatten Sklaven keinen Zugang zum Wissen und besaßen folglich weder wirtschaftliche noch politische Macht. Im Agrarzeitalter begann sich das Wissen auszubreiten, zuerst unter dem Feudaladel und dann bis zu einem gewissen Grad auch unter den Leibeigenen, die sich mit eigener Kraft Zugang zur Erde und ihren Früchten verschafften. Im 19. Jahrhundert löste der Zugang zu den Maschinen die industrielle Revolution aus. Im industriellen Zeitalter herrschten zwar die weißbehandschuhten Großmagnaten, aber der Arbeiter war mehr als nur ein Rädchen im Getriebe. Die Arbeit gewann eine soziale Dimension hinzu und wurde nicht mehr ausschließlich einsam verrichtet. Kultur und Wissen erlebten in der Bevölkerung einen Aufschwung. Die Arbeiter konnten sich organisieren und gewannen durch die Gewerkschaften formell soviel an Macht hinzu, daß sie ihre Interessen vertreten konnten. Die Magnaten wurden reich, aber es wuchs auch der Lebensstandard aller und deren wirtschaftliche Macht. Die Gewerkschaften wurden im 19. Jahrhundert politisch aktiv, und daraus gingen schließlich die politischen Parteien hervor, deren Einfluß als demokratische und soziale Akteure in den meisten entwickelten Ländern bis dato ungebrochen ist.

Je mehr wir uns dem 21. Jahrhundert nähern, desto mehr entspringt Wohlstand dem Wissen, einem Gut, das so frei zugänglich und so weit verbreitet ist wie nie zuvor. Die reale Machtverteilung, vielleicht sogar die formale Machtverteilung verändert sich. Das Zeitalter der vernetzten Intelligenz könnte eine neue Art von Macht und eine neue Art von Freiheit mit sich bringen, vor allem für jene zwei Drittel der aktiven Bevölkerung, die gut ausgebildet sind. Das Netz ist dabei, einen Paradigmenwechsel herbeizuführen, wenn Sie mir diesen Ausdruck gestatten (und ich bin mir der Verantwortung für seinen Gebrauch durchaus bewußt). Marilyn Ferguson war eine der ersten, die diesen Begriff bekanntmachten. Sie schrieb schon 1976 in *Aquarian Conspiracy: Personal And Social Transformation in Our Time*, daß ein Paradigmenwechsel Unruhe, Konflikt, Verwirrung und Ungewißheit impliziert. Neue Paradigmen werden fast immer gleichgültig, wenn nicht gar spöttisch und feindselig aufgenommen. Diejenigen, die bestimmte Interessen vertreten, widersetzen sich jeder Veränderung. Die Veränderung erfordert eine derartig abweichende Betrachtungsweise, daß die etablierten Eliten oft die letzten sind, die sich, wenn überhaupt, überzeugen lassen.[6]

Deshalb, und darauf weist auch der Bericht an den Club of Rome hin, muß mit erheblichen Widerständen gerechnet werden: »Wenn sich Millionen von Menschen in Kreisen, deren ›rassische‹, nationale, soziale und kulturelle Zusammensetzung unendlich viele Variationen erlaubt, miteinander unterhalten, kann man sich nur allzugut vorstellen, daß das hierarchisch geordnete Wertesystem jeder Gesellschaft größtenteils durch Chaos ersetzt wird. In einer Gesellschaft, die wie die unsere streng hierarchisch aufgebaut ist, hatte das Chaos nie sonderlich gute Karten.« (S. 77)

Dies führt in vielen Organisationen und vielen Ländern zu einer Führungskrise. Viele Unternehmen verlieren wegen einer veralteten Wirtschaftsmentalität an Boden. Aus lauter Enttäuschung über die geringe Rentabilität einiger veralteter Technologien sind Firmenmanager oft nicht in der Lage, die Möglichkeiten der neuen zu erkennen. Viele der führenden Politiker sind in alten Modellen befangen und beharren auf einer Wirtschaftsordnung, deren Zeit längst abgelaufen ist. Statt dessen sollten sie alle Anstrengungen unternehmen, um zu dem Marktklima, zu den Zusammenschlüssen und zu den Strategien zu gelangen, die notwendig sind, um die neue Ökonomie aufzubauen. Ob Firmen, Krankenhäuser, Schulen, Zeitungen, Polizeikräfte, Regierungen, Handel, Gewerkschaften, Stämme oder Nationen: Sie alle müssen aus ihrer Mitte die Führungspersönlichkeiten hervorbringen, die imstande sind, diesen Wandel herbeizuführen. Mit dem nötigen Willen können alle, unabhängig von ihrer Position in der Organisation, zur treibenden Kraft für einen solchen Wandel werden.

Kinder an die Macht?

Wie das Buch andeutet, wird diese revolutionäre Bewegung von jungen Leuten angeführt. Ich persönlich bin davon überzeugt, daß die stärkste Kraft, um das Netz effektiv zu nutzen und unsere ökonomischen und sozialen Institutionen zum Besseren zu verändern, eine neue Generation von Kindern darstellt: die Netzgeneration.
Es gibt so viele Kinder im Alter zwischen null und zwanzig wie noch nie. In den Ländern des Nachkriegs-Babybooms ist der Nachhall lauter als der ursprüngliche Knall. Zum Beispiel bilden die achtzig Millionen Jugendlichen in den USA die zahlenmäßig stärkste Generation, die es je gegeben hat. Aber nicht nur ihr demographisches Gewicht macht sie zur treibenden Kraft, um eine Veränderung in der Unternehmenskultur herbeizuführen. Es ist auch die erste Generation, die in der digitalen Ära volljährig wird. Sie haben die Bits also schon mit der Muttermilch eingesogen. Für diese immer zahlreicher werdende Bevölkerungsgruppe, für die der Zugang zum Netz selbstverständlich ist, haben die digitalen Werkzeuge nichts Technisches mehr an sich oder höchstens so viel wie Fernseher oder Kühlschrank. Im Gegensatz zu ihren Eltern haben sie keine Angst vor den neuen Technologien. Dadurch haben sie einen generationsbedingten Vorteil, und so überholen sie die Älteren auf der Datenautobahn. Daß sie zahlenmäßig so stark sind und darüber hinaus die digitale Welt beherrschen, stattet sie mit einer Macht aus, die

sich auf alle Unternehmen und Wirtschaftsbereiche erstrecken wird.

Nachdem ich diese Generation einige Jahre lang erforscht habe, bin ich zu der Überzeugung gelangt, daß es für Experten und Unternehmer der Informationstechnologie keine wichtigere Aufgabe gibt, als diese neue Generation zu verstehen: ihre Kultur, ihre Psychologie, ihre Werte und die Art und Weise, wie sie die Welt verändert.

Der Begriff Netzgeneration bezieht sich auf die Kinder, die 1999 zwischen zwei und zweiundzwanzig Jahre alt sind, was nicht nur diejenigen einschließt, die im Netz aktiv sind. Das charakteristische Merkmal dieser Generation ist die Tatsache, daß sie die ersten Jugendlichen sind, die im digitalen Zeitalter volljährig werden. Viele von ihnen besitzen noch keinen Zugang zum Netz, aber die Mehrheit von ihnen geht mehr oder weniger geschickt mit den digitalen Medien um. Fast alle haben sich schon einmal an Videospielen versucht. Eine überwältigende Mehrheit der Jugendlichen sagt aus, daß sie einen Computer zu bedienen verstünde, und fast zwei Drittel versichern, schon einmal im Netz gewesen zu sein. Das Netz hält in den Haushalten so schnell Einzug wie in den fünfziger Jahren das Fernsehen. Laut *Teenage Research Unlimited* (TRU) ist die Prozentzahl der US-amerikanischen Jugendlichen, die bestätigen, online zu sein, von 50 Prozent im Jahre 1994 über 74 Prozent im Jahre 1996 auf 88 Prozent im Jahre 1997 steil angestiegen. Heutzutage ist das Online-sein demnach schon so selbstverständlich wie eine Verabredung oder eine Party.

Stellen Sie sich nur die Auswirkungen vor, wenn Millionen von Jugendlichen mit frischen Ideen und voller Energie – ausgerüstet mit den mächtigsten Werkzeugen in der Geschichte – sich in die aktive Bevölkerung eingliedern. Eine Welle, die sich gerade erst auftürmt.

Die Netzgeneration wird die Natur der Unternehmen und die Art und Weise, Wohlstand zu erzeugen, desto stärker verändern, je mehr sie ihre eigene Kultur zum Maßstab für das Arbeitsleben macht. Die Mentalität der Netzgeneration ist die ideale Basis dafür. Diese Generation ist außergewöhnlich neugierig, unabhängig, unerschrocken, intelligent, motiviert, anpassungsfähig, selbstbewußt und global orientiert. In Verbindung mit der Geschicklichkeit der Netzgeneration im Umgang mit den digitalen Werkzeugen stellen diese Eigenschaften die Unternehmen und traditionellen Führungskräfte unweigerlich vor Probleme. Es wird ein enormer Druck entstehen, radikale Veränderungen durchzuführen.

Darüber hinaus hat diese Generation eine Vorstellung von Arbeit, die sich von der ihrer Eltern unterscheidet. Zusammenarbeit macht ihnen Spaß, und vielen erscheint die Vorstellung, daß es so etwas wie einen Chef gibt, skurril. Ihr wichtigster Bezugspunkt ist das Netz. Sie verspüren die Notwendigkeit einer Erneuerung und haben eine Vorstellung von der Dringlichkeit, schnell zu Ergebnissen zu kommen. Harte Arbeit macht ihnen Spaß, weil Arbeit, Ausbildung und Spiel für sie das gleiche sind. Sie sind auf eine Weise kreativ, wie ihre Eltern es sich niemals hätten vorstellen können. Der Netzgeneration hat man immer wieder gesagt, daß sie es schwer haben würde, eine gute Anstellung zu finden. Dadurch haben sie eine große Willensstärke ausgebildet. Unter ihnen wird der prozentuale Anteil derer, die versuchen werden, ein eigenes Unternehmen zu gründen, so hoch sein wie in keiner Generation zuvor. Firmen, die Mitglieder dieser Generation einstellen, müssen sich darauf gefaßt machen, daß die Wände wackeln.

Ich gehe davon aus, daß diese Generation neue Regierungsmodelle und ein aktiveres Staatsbürgerverständnis entwickeln wird. Die zunehmende Gewohnheit, das eigene Schicksal im Netz selbst in die Hand zu nehmen, wird sich unweigerlich in den politischen Erwartungen widerspiegeln. Wenn diese Generation erwachsen ist, wird die Welt kleiner und unendlich viel komplexer sein. Wir haben keine Ahnung, welche Probleme sich ihr stellen, welche neuen Träume sie haben, welche gewagten neuen Lösungen ihr einfallen wird. Es ist allerdings ganz sicher, daß die Demokratie, wie wir sie heute kennen, ausgedient hat. Vielleicht sollten wir ernsthaft über eine neue Konzeption von Staat nachdenken und darüber, was es bedeutet, frei zu sein.

Bis vor kurzem war das Netz vornehmlich ein Ort, an dem Außenseiter, Computernerds, Extremisten und Visionäre an Debatten über Randthemen, esoterischen Diskussionen und avantgardistischen Erleuchtungen teilnahmen. Ich selbst gehörte in den siebziger Jahren dieser Gemeinschaft an und war ganz überrascht, bis zu welchem Punkt diese Szene zum Mainstream und zu einer verändernden Kraft werden konnte. Zwei Jahrzehnte lang gab es jedoch nicht ausschließlich Hindernisse technologischer Natur, fehlte es doch kaum an Hosts. Das Medium befand sich vielmehr auf dem Sprung, seine Zeit sollte erst noch kommen. Die technologische Revolution war nicht auf der Suche nach einer Aufgabe, sondern nach einer neuen Generation, die, befreit vom Ballast alter Modelle, diese Technologien mit maximalem Gewinn einsetzen konnte. Durch diese Generation wird aus dem Netz das Medium für ein soziales Erwachen. Die Netzgeneration führt die Neuen Medien aus ihrem elitären Schattendasein heraus und macht sie zu einem lärmenden Schmelztiegel, in dessen Innerem sich Millionen tummeln. Dank ihrer immensen demographischen Stärke und ihrer Mentalität, die frei von allen Fesseln ist, schafft sie eine neue Welt. Im Gegensatz zu dem langweiligen, sterilen und eindimensionalen Duktus der Massenmedien trifft sie sich auf einem Schauplatz, auf dem sich jede Idee Gehör verschaffen kann, unabhängig davon, wie sehr sie die herrschende Ordnung in Frage stellt. Ob zum Guten oder zum Schlechten – die zahlenmäßig stärkste Generation der amerikanischen Geschichte fängt an, die Kontrolle über ihre Medien zu übernehmen, bereit zu Entdeckungen, Debatten, zur Offenheit und Aktion.

Die zweite Hälfte dieses Jahrhunderts wurde von einer Generation dominiert, für die Bevölkerungsexplosion und Nachkriegszeit prägend waren. In dieser Zeitspanne entwickelten sich starre Modelle für Massenkommunikation, Betrieb, Arbeit, Familie, Unterhaltung und Sozialleben. Die neuen Medien und die neue Generation bringen diese alten Gewohnheiten allmählich zum Verschwinden. Anzeichen sprechen sogar dafür, daß diese Welt eine bessere sein wird, wenn wir es nur wollen. Diese massive Neuerungswelle der Jugend bringt Rechte, wachsenden Ehrgeiz, wahrhaft unglaubliche Fähigkeiten und Forderungen mit sich, die im Moment noch kaum vernehmbar sind, aber von weitreichender Wirkung sein werden.

Nachdem ich diese Jugendlichen eine Zeitlang studiert habe, bin ich davon überzeugt, daß sie eine neue und frische Mentalität ausprägen und sie anschließend in die Tat umsetzen werden. Das betrifft die Art, Geschäfte zu machen, wird aber auch dem demokratischen Prozeß eine neue Richtung geben. Es wird eine Generation sein, die mehr Lernmöglichkeiten hat als jede andere zuvor. Sie wird versuchen, den Planeten zu beschützen, und ich glaube, daß sie Rassismus, Sexismus und andere Perversitäten der Vergangenheit als ihr wesensfremd und inakzeptabel ansehen wird. Sie wird versuchen, den Wohlstand, den sie schafft, zu teilen. Sie wird in allen Sphären des wirtschaftlichen und politischen Lebens Macht anstreben. Werden wir klug genug sein und den Mut aufbringen, sie zu akzeptieren und die notwendigen Schritte einzuleiten, um zu garantieren, daß alle Mitglieder dieser Generation Zugang zu den mächtigsten Kommunikationswerkzeugen der Geschichte erhalten? Und werden wir ihnen die Gelegenheit geben, ihr Schicksal in die Hand zu nehmen?

Wir müssen den Kindern zuhören und von ihnen lernen. Aus den Erfahrungen, die sie mit dem Cyberspace machen, und anhand ihrer Kultur, deren erste Ansätze wir erkennen, lassen sich bereits die Umrisse einer neuen Arbeits-, Unternehmens- und Gesellschaftskultur ablesen.

Also, bleiben Sie dran. Schalten Sie sich in die Debatte ein. Wenn Sie es nicht bereits getan haben, beweisen Sie ausreichend Neugierde und klinken sich ein. Denn nur wenn Sie das Netz persönlich nutzen, werden Sie seine Implikationen wirklich verstehen. Lassen Sie uns zusammen daran arbeiten, daß diese mächtigen Neuerungen dem gesellschaftlichen Gemeinwohl zugute kommen.

Anmerkungen

1 Don Tapscott ist, was die Frage der Auswirkungen der digitalen Medien auf Unternehmen und Gesellschaft angeht, einer der führenden Experten weltweit. Er ist Präsident der *Alliance for Converging Technologies* (www.actnet.com) und der *Paradigm Learning Corporation* (www.mtnlake.com/paradigm). Tapscott ist Autor von sechs Büchern, darunter Bestseller wie *Paradigm Shift* und *Die digitale Revolution*. Sein jüngstes Werk trägt den Titel *Net Kids: Die digitale Generation erobert Wirtschaft und Gesellschaft*. Wiesbaden 1998.

2 Erklärungen zu dem Begriff der *E-Business Communities* finden sich in: Don Tapscott/David Ticoll/Alex Lowy (Hg.): *Blueprint to the Digital Economy. Business Strategy in the Era of E-Business*. New York 1998.

3 Don Tapscott: *The Digital Economy. Promise and Peril in the Age of Networked Intelligence*. New York 1998.

4 Darüber gibt es in jüngster Zeit viele Debatten. Vgl. z. B. G II und seine Arbeitsgruppen, Organisationen wie die *Electronic Frontier Foundation*, das Aspen Institute, die *Alliance for Converging Technologies* sowie die Vielzahl von Artikeln und Informationssendungen zu diesem Thema.

5 *The Promise and Perils of Emerging Information Technologies*. Bericht des Aspen Institutes über den zweiten Round Table zum Thema Information 1993. Dort findet man eine tiefschürfende Debatte dieses wichtigen Beraterkomitees über Schlüsselfragen.

6 Marylin Ferguson: *The Aquarian Conspiracy. Personal and Social Transformation in Our Time*. New York 1967.

IM NETZ –
DIE HYPNOTISIERTE GESELLSCHAFT

Einleitung

EIN WELTWEITES PROBLEM

> Ein beliebter Mythos besagt, daß die Netze mächtig, global,
> schnell und billig seien [...]. Dies ist nicht notwendigerweise so.
> Unsere Netze können frustrierende, teure und unzuverlässige
> Verbindungen sein, die eine nützliche Arbeit behindern.
>
> Clifford Stoll[1]

Jeder Jugendliche heutzutage weiß, daß ein »PC« ein
Heimcomputer ist, und daß P und C die Anfangsbuchstaben seiner englischen Bezeichnung sind: *personal computer.*
Für Vertreter meiner Generation jedoch, zumindest für
die Bildungsbürger im Süden Europas, bedeutete »PC«
immer *partido comunista.*[2] Nun sind die Kommunisten aus
der Mode gekommen und fast vom Antlitz der Erde verschwunden, aber in den sechziger Jahren wimmelte es an
den Universitäten der halben Welt nur so von Organisationen, die unter diesem Zeichen standen – oder zumindest einer offen marxistischen Ideologie anhingen – und
zu Widerspruch und Protest aufriefen.

Viele derjenigen, die heute auf der Welt Macht ausüben,
gehören jener Generation an, die im Pariser Mai '68 ihren
symbolhaften Ausdruck gefunden hat. Es war eine Epoche, für die ein beträchtlicher Idealismus kennzeichnend
war: der Kampf für Rassengleichheit, der Protest gegen
den Vietnamkrieg, die Forderung nach gewaltfreiem Pazifismus. Junge Mädchen steckten Blumen in die Gewehrläufe der Soldaten und nahmen damit eine Szene vorweg,
die sich später bei der portugiesischen Nelkenrevolution

wiederholen sollte. Zur gleichen Zeit kündigten die Hippies die bevorstehende Geburt der Ökologiebewegung an. All das war – wie man uns sagte – eine Revolution, und als solche erlebten wir sie, auch wenn man dreißig Jahre danach feststellen muß, wie wenig davon geblieben ist.

Heute schreibt eine neue revolutionäre Bewegung PC auf ihre Fahnen, und wie fast immer in solchen Fällen, sind es junge Leute, die sie anführen. Es handelt sich um die digitale Revolution (oder wie immer man sie nennen mag), die die Menschheit seit einem Jahrzehnt erschüttert. In vielen Fällen ist es eine ruhige Revolution, denn ihre Protagonisten müssen nicht einmal das Wohnzimmer verlassen, um sich an die vorderste Front zu begeben. Dennoch ist es keine stille Revolution: Die ganze Welt spricht von ihr, zuweilen mit viel Getöse.

Als erstes müßte man untersuchen, ob es sich tatsächlich um eine Revolution handelt: ob die durch die digitale Gesellschaft erfolgten oder von ihr postulierten Umwälzungen den Anbruch eines neuen Zeitalters bedeuten, das sich von dem vorangegangenen radikal unterscheidet. Oder bloß um eine Revolte, um einen vorübergehenden Aufruhr, so außerordentlich uns alles auch erscheinen mag. Der Mai '68 ist heute genau deshalb ein nostalgisches Symbol, weil die Studenten der Sorbonne in ihrem Bestreben, den Lauf der Welt zu ändern, scheiterten. Trotzdem gelang es ihnen, ihm für einen Augenblick eine andere Richtung zu geben. In gleicher Weise können wir uns fragen, ob die maßlosen Erwartungen und die ungewissen Ängste, die die globale Informationsgesellschaft weckt, sich am Ende nicht einfach verflüchtigen werden, womit einmal mehr bewiesen wäre, daß nicht jede technologische Neuerung zwangsläufig einen zivilisatorischen Wandel bewirkt. Oder ob sie, im Gegenteil, nicht doch eine

Grenze markieren in der Entwicklung der Menschheit, ein Vorher und ein Nachher. Manche glauben zu ahnen, daß sich diese Grenze in Wirklichkeit bereits gebildet hat und daß sich der kulturelle Unterschied zwischen den Generationen vor und nach dem Computer – sei es in Politik, Wirtschaft und Familie – in gigantischem Ausmaß vergrößern wird.[3] Dem in den siebziger Jahren so heiß diskutierten *generation gap* verleihen diese speziellen Charakteristika eine zusätzliche Dimension, just zu dem Zeitpunkt, an dem die erste Generation, die man Computergeneration nennen könnte, fünfzehn Jahre alt wird. Dieses Maß setzt auch Ortega y Gasset als zeitlichen Rahmen für den Übergang von einer Generation zur nächsten an. Vielleicht werden wir jedoch angesichts der Geschwindigkeit, mit der heutzutage die Ereignisse aufeinander folgen, schon bald erleben, wie sich diese Zeitspanne noch verkürzt.

Dieser Bericht an den Club of Rome[4] verdankt sich der Großzügigkeit und des Einsatzes seiner Vorsitzenden und ist Frucht einer gemeinsamen Anstrengung, wenngleich die letzte Verantwortung für die Ausarbeitung und all das hier Gesagte ausschließlich bei mir liegt. Ich bin kein Informatiker, und ich wollte unter keinen Umständen ein technisches Buch schreiben. Eher schon ein allgemeinverständliches Werk, das versucht, dem Normalbürger einige der elementaren Fragen näherzubringen, die durch die Präsenz der neuen Technologien in unserem Leben aufgeworfen werden. Weniger um Originalität bemüht als um Ehrlichkeit, maße ich mir nicht an, Antworten auf die zahlreichen Fragen und Probleme gefunden zu haben. Aber ich glaube schon, daß ich zumindest eine kleine Flamme des kritischen Zweifels entfacht habe.

Meine Absicht war es, dem Leser, ob jung oder alt, einen Katalog von Fragen und Warnungen über die Zukunft der Welt, in der wir nun einmal leben, an die Hand zu geben. Ein Kennzeichen dieser Welt ist seit Jahrzehnten, daß sich ihre Probleme in einem planetarischen Maßstab definieren, wir aber engstirnig weiterhin eifrig darum bemüht sind, fundamental nationale Lösungen voranzutreiben. Die massive Nutzung digitaler Technologie in den Informationssystemen, in Erziehung, Gesundheit und Unterhaltung, trägt dazu bei, die Prozesse der Globalisierung zu beschleunigen, zu der sich unsere Gesellschaften genötigt sehen. In diesem Zusammenhang werden auch die Wirtschaft, die soziale Ordnung und sogar der Umgang innerhalb der Familie einen tiefgreifenden Wandel erfahren. Welcher Art und warum, das versuche ich zu erläutern.

Die Komplexität stellt eines der offensichtlichsten Merkmale dieses Panoramas dar: Komplexität der Fragestellungen und Komplexität der Lösungen. Die Zeit der fertigen Rezepte, der einfachen und auswendig gelernten Formeln, die genügten, um die Komplexität unseres Lebens zu erklären, neigt sich dem Ende zu. Das soll freilich nicht heißen, daß diejenigen verschwunden wären, die ihre Freude daran haben, die Welt als eine Auseinandersetzung zwischen Gut und Böse zu betrachten und die Geschichte als einen Kampf zwischen dem Reich des Lichts und dem der Finsternis. Es erscheint mir daher zu Beginn dieser Überlegungen opportun, die vielen und unterschiedlichen Facetten zu betonen, die diese Probleme annehmen, sobald man daran geht, sie zu definieren und in einem multikulturellen Rahmen zu lösen, in dem berechtigterweise höchst widersprüchliche Ideologien, Empfindsamkeiten und Biographien versuchen, einen *modus vivendi* zu finden.

Glaubt man den Experten, werden an der Schwelle zum dritten Jahrtausend Telekommunikation, Informationsmedien, Unterhaltungsindustrie und Tourismus die vielversprechendsten Geschäftsfelder sein. Damit suggeriert man uns, daß sich die Beziehungen der Menschen untereinander verbessern werden und sich daraus eine Quelle des Wohlstands ergibt. Die Tatsache, daß dieser Dialog zwischen den Menschen im weltumspannenden Maßstab stattfinden wird, setzt eine beträchtliche Veränderung der Dimensionen voraus, in denen wir bislang zu denken gewohnt waren. Gleichwohl ist es bereits ermutigend festzustellen, daß unsere Zukunft sich auf Dialog gründet und nicht auf Konfrontation.

Politiker, Intellektuelle, Erzieher, Geschäftsleute, Fachleute und ganz allgemein Entscheidungsträger müssen sich der tiefgreifenden Wirkung bewußt sein, welche die neuen Technologien auf die Organisation unseres Lebens zeitigen werden. Man kann nicht an der digitalen Gesellschaft vorbei regieren; eher wäre es ratsam, so zu regieren, daß diese digitale Gesellschaft so harmonisch wie möglich wächst. Denn nur so lassen sich neue Fehlentwicklungen und Ungleichheiten vermeiden, aus denen ansonsten Konflikte und Gewalt erwachsen. Noch ist es zu früh, um die fundamentale Frage zu beantworten, aber nicht, um sie zu stellen: Sind wir dank der avancierten Technologien humaner geworden?

Wir müssen also die neuen Wahrnehmungsweisen erforschen, die diese Technologien hervorbringen: zugleich global *und* fragmentiert, einmalig *und* vielfältig. Diese besondere Ordnung der Dinge wird der unmittelbaren Zukunft Gestalt geben und zu mehr Paradoxien, Zweideutigkeiten und Widersprüchlichkeiten führen. Unsere Zukunft liegt nicht darin, dagegen anzugehen, sondern so selbstverständlich wie möglich damit umzugehen.

1.

ANGESCHLOSSEN ANS NETZ

Wenn der Vater des amerikanischen Vizepräsidenten Gore kein namhafter und erfolgreicher Straßenbauer gewesen wäre, hätte der Begriff Datenautobahn, um damit das von der Bundesregierung der Vereinigten Staaten vorangetriebene Projekt der Liberalisierung der Telekommunikation zu bezeichnen, vielleicht nie das Licht der Welt erblickt. An das High-Performance Computing and Communications Programme (HPCC) von 1991 anknüpfend rief Al Gore das Programm zum Aufbau einer Nationalen Informations-Infrastruktur (NII) ins Leben. Im Zuge der neuen Liberalisierungspolitik verkündete die Regierung Clinton das Ende des Telefonmonopols und sprach Kabelbetreibern die Möglichkeit zu, sich diesem Geschäft zu widmen, womit der Wunsch verbunden war, daß die Netze frei miteinander kommunizieren könnten. Von da an lautete das vorherrschende Motto auf diesem Sektor »jeder gegen jeden«, was auf einen erbitterten Wettbewerb schließen ließ, der über die Welt der Telekommunikation hereinbrechen mußte. Man entdeckte in der Folgezeit aber auch, daß uns diese Situation unmittelbar zu einer anderen führte, deren maßgeblicher Slogan »jeder im Verbund mit jedem« war; denn keiner konnte von nun an allein überleben. Die Kombination aus Telefon, Datenübertragung, Fernsehsignalen und der Nutzung interaktiver Computertechnik kündigte die Geburt einer neuen Industrie und einer neuen Kultur an. Beide verdankten ihre Existenz einerseits der Addition bereits existierender und wirkungsmächtiger Elemente in unserer Lebenswelt. Andererseits wohnten wir der Schaffung von Methoden und Verhaltensweisen bei, für die sich nur schwer Vorläufer finden ließen.

Bereits zu diesem Zeitpunkt erwies sich das Problem als ein nicht grundsätzlich technologisches, sondern als ein politisches und gesellschaftliches. Die massive Anwendung digitaler Systeme bei der Produktion, Speicherung und dem Austausch von Daten hatte eine Minimierung der notwendigen Übertragungsbandbreite erreicht.[5] Der digitale Prozeß besteht in der Transformation jeglichen Typs von Information – seien es Bilder, Töne oder Graphiken – in Zahlencodes, die man, wenn sie von Computern verstanden werden sollen, auf binärer Basis ausdrücken muß, das heißt, man benutzt ausschließlich »Nullen« und »Einsen«. Gegenüber der traditionellen analogen Methode, die, wie ihr Name schon sagt, die Verwendung physikalischer Signale voraussetzt, welche die ursprünglich übermittelte Botschaft reproduzieren oder simulieren, fordert die Digitalisierung eine größere Einfachheit und Präzision – wenn auch auf Kosten gewisser Nuancen. Sie verspricht eine höhere Übertragungsgeschwindigkeit und verbraucht vor allem, dank der modernen Datenkompression, viel weniger Raum in der benutzten Frequenz, was die Kosten reduziert.

Die Reduktion der verschiedenen Inhalte – ob visueller oder auditiver Natur – auf die binäre Sprache von Bits (kleinste Informationseinheit) verspricht ein Aufblühen des Marktes, eine Erweiterung des Informations-, Freizeit- und Unterhaltungsangebots, wie es die entwickelten Gesellschaften noch nie zuvor erlebt haben. So hat die Tatsache, daß inzwischen Millionen Bürger das »Netz der zehn Millionen Dimensionen im Himmel und auf der Erde« (wie die Chinesen das World Wide Web nennen) nutzen, das Internet endgültig populär gemacht. Aber es sind politische Entscheidungen nötig, um diese technischen Errungenschaften voranzutreiben und zu verbreiten. Vor diesem wenig visionären, aber eindeutig geschäftsorientierten Hintergrund muß man die Liberalisierungsvorschläge der amerikanischen Regierung wie auch ähnliche Töne europäischer und anderer Nationen einordnen.

Im Grunde ist der Begriff Datenautobahn ein wenig verwirrend, wenn man diese Prozesse definieren will. Er verweist auf etwas Statisches und Geplantes – Qualitäten oder Übel, die nichts mit den Eigenheiten der Netze gemein haben. Auch unterschlägt er unter anderem die Möglichkeit der Speicherung und des interaktiven Umgangs, die das System erlaubt. Von jetzt an werden wir deshalb lieber die Bezeichnung Datenbahnen oder Datenstraßen benutzen, oder – die umfassendste und anmaßendste – Cyberspace. Dessen Geburt fiel mehr oder weniger mit dem 25. Jahrestag der Herstellung des ersten Mikroprozessors zusammen. In diesem Vierteljahrhundert hatten die kleinen Chips ihre Leistungsfähigkeit derart vervielfacht, daß sie statt 60 000 Instruktionen pro Sekunde Hunderte von Millionen ausführten. Bevor das Jahrtausend zu Ende geht, wird sich diese Leistungsfähigkeit abermals versiebenfacht haben. Nathan Myrvald, der Vizepräsident der Abteilung Technologie bei Microsoft, hat dies brillant auf den Punkt gebracht: »In 25 Jahren wird ein PC in dreißig Sekunden Aufgaben realisieren, für die er heute zwölf Monate braucht. In 40 Jahren wird er in dreißig Sekunden das ausführen, wozu er heute Millionen Jahre bräuchte.«[6]

Die Geschwindigkeit des Prozesses erklärt sich – wie Joël de Rosnay sehr anschaulich gezeigt hat[7] – durch die Tatsache, daß wir es mit einer integrativen Technik zu tun haben. Im Laufe der Geschichte hat sich der Mensch an den Gebrauch von Techniken gewöhnt, die etwas ersetzen: Das Automobil ersetzte die Postkutsche, das Fax das Telex und den Briefverkehr. Es handelt sich demnach um Techniken, die in linearer Zeitenfolge einander abgelöst haben. Die integrativen Technologien hingegen sind die Frucht einer Zusammenführung mehrerer Techniken und weit davon entfernt, einen weiteren Schritt in der Evolution der Systeme selbst darzustellen. Eher modifizieren sie deren Zusammenspiel auf grundlegende Weise.

Die biologische Evolution auf der Erde dauerte Millionen von Jahren – im Gegensatz zu den wenigen Jahrhunderten, in denen sich die technische Entwicklung vollzogen hat. Das Auftauchen der menschlichen Intelligenz brachte Erfindungsgabe und Vorstellungskraft hervor, die dem Prozeß Geschwindigkeit verliehen. Die digitale Technologie beschleunigt ihn nun ganz unerhört; denn sie versetzt uns in die Welt der virtuellen Realität. Experten definieren diese als Computersimulation des dreidimensionalen Raumes, aber meines Erachtens reicht die virtuelle Realität weit darüber hinaus und bezeichnet das Leben im Cyberspace. Denn sie charakterisiert sich dadurch, daß sie sich außerhalb unserer gültigen Realität bewegt. Weder ist sie inexistent, noch existiert sie nur deshalb, weil wir sie uns vorstellen, sondern sie verbindet zugleich die Welt der Vorstellung und die Welt des Realen zu einer Einheit und löscht dabei die physischen Entfernungen zwischen beiden aus, ja sogar die zeitlichen, da die Informationen mit Lichtgeschwindigkeit übertragen werden. Sciencefiction und Filme für ein jüngeres Publikum haben häufig darüber spekuliert, ob diese Art neuer Himmelskörper, wie ihn die Bits darstellen, einer objektiven und autonomen Existenz gleichkomme. Die konventionellen Energie- und Informationseinheiten sind natürlich den reinen Geistern sehr ähnlich, die in der christlichen Tradition den Namen Engel erhielten. Ich wage nicht, ihnen eine solch erhabene Beschaffenheit zuzuschreiben, aber es ist unmöglich, eine Debatte über die virtuelle Realität zu eröffnen, die nicht den Aspekt einer existentiellen Andersheit anerkennt, die diesem Prozeß innewohnt.

Uns interessiert in diesem Zusammenhang die Feststellung, daß sich dieser Beschleunigungsprozeß, auf dem die digitale Revolution basiert, der Erfindung von Strukturen verdankt, die der Vorstellung von Existenz als solcher und dem, was wir bislang über sie angenommen haben, konträr zuwiderlaufen. An der Universität von Cambridge versucht der Supercomputer Cosmos gerade, ein Modell der Entstehung des Universums vor zehn Milliarden Jahren – auf eine Woche mehr oder weniger kommt es dabei nicht an – zu reproduzieren. Es liegt ganz auf der Linie der neuen Wissenschaftsmode, daß man auch die Zusammenführung der Universalkräfte von Schwerkraft und Elektromagnetismus, deren notwendige Integration den Forschern während vieler Generationen nicht bekannt war, in die bereits eingeleiteten Berechnungen mit aufnimmt. Die Arbeiten von Cosmos haben viel mit dieser Vorstellung von virtueller Realität zu tun; denn schließlich und endlich versuchen sie nichts Geringeres zu rekonstruieren oder zu simulieren als die Schöpfung.

Netzwerker und Erfinder

Die Wachstumsstärke der Multimediawelt beruht auf der Entwicklung von drei Spitzentechnologien: Mikroprozessoren (kleine künstliche Gehirne, die Millionen von Operationen pro Sekunde ausführen können), Datenübertragung per Glasfaserkabel, die einen Transfer mit Lichtgeschwindigkeit erlaubt, sowie Systeme zur Komprimierung und Kodifizierung digitalisierter Signale. Die industrielle Entwicklung von Kommunikationssatelliten hat zudem zu einer Globalisierung des Systems geführt. Das hat gehörige Folgen, sowohl für die Organisation der Gesellschaft als auch für die wirtschaftlichen Beziehungen und die internationale Politik.

Es läßt sich eine gewisse Neigung feststellen, die Entwicklung der Datenbahnen mit der des Internets zu verwechseln. Letzteres spielt zwar eine wesentliche Rolle, das gesamte Phänomen ist aber unendlich viel komplexer. Die Welt der Freizeit und der Unterhaltung wie auch die Möglichkeiten des digitalen Fernsehens als Vehikel für Erziehung und Arbeit sind dabei die entscheidenden Elemente. Das Faszinierende am Internet, in dessen Netzen sich schon heute über hundert Millionen Nutzer tummeln, ist nicht so sehr sein technisches Leistungsvermögen, das in der alltäglichen Praxis ohnehin noch ziemlich dürftig daherkommt, sondern vielmehr seine Fähigkeit, sich autonom zu entwickeln.

Das Internet geht auf Bestrebungen der US-Regierung zurück, die verschiedenen Datenbanken des Landes über ein Hochgeschwindigkeitsnetz miteinander zu verbinden, und diente in der Hauptsache akademischen Zwecken. Ende der sechziger Jahre hatten amerikanische Wissenschaftler ein »intelligentes« Kommunikationsprotokoll bis zur Funktionsreife gebracht. Damit konnte man jede zuvor digitalisierte Nachricht in Stücke aufteilen und sie durch ein Computernetz schicken, das durch Telefonleitungen miteinander verbunden war. Die Nachricht wählte dabei an jedem Knotenpunkt den freien oder zumindest den am wenigsten verstopften Weg. Die vollständige Nachricht wurde erst am Zielpunkt rekonstruiert. Ein solches System garantierte die Verbindung zwischen den Universitäten und dem Verteidigungsministerium für den Fall, daß ein kriegerisches Ereignis das Kommunikationszentrum und die Leitungen zu den verschiedenen Forschungsstätten zerstören würde. Die dezentralisierte Vorgehensweise garantierte, daß der Dialog auch im Falle des *worst case scenario* aufrechterhalten werden konnte. So wurde Arpanet geboren, ein Netz für den Austausch wissenschaftlicher Information. Akademische Institutionen anderer Länder schlossen sich dem Projekt an, das sich mit Hilfe von Bundesmitteln weiter ausbreitete. Schon bald etablierte sich ein globales Netzwerk und ein gemeinsames Übertragungsprotokoll. Unmittelbares Ergebnis dieser Anstrengungen war die elektronische Post.

1989 entwickelte man im Europäischen Zentrum für Kernforschung (CERN) eine Sprache, mit der die explosionsartige, revolutionäre Verbreitung des Internets überhaupt erst möglich wurde: den Hypertext.[8] Damit konnte man Graphiken, Töne und Fotos integrieren, was auf spektakuläre Weise die Benutzeroberfläche der Computer veränderte. Cayetano López, ehemaliger Rektor der Universidad Autónoma de Madrid und Mitglied im Verwaltungsrat von CERN, weist darauf hin, daß man dort schon damals das Internet ausgiebig genutzt habe. »Sicherlich«, sagt er, »ist CERN der am weitesten vorangetriebene Prototyp eines wirklich internationalen Forschungslabors. Dort befinden sich die größten Teilchenbeschleuniger der Welt. Sie sind so teuer, daß ein einzelnes Land sie gar nicht finanzieren könnte. Man konstruiert diese komplizierten Maschinen gemeinsam, und so haben alle das Recht, sie zu nutzen. Unter der Belegschaft von CERN gibt es praktisch keine Elementarteilchenphysiker, sondern nur Personal, das die Einrichtung betriebsbereit hält. Sechstausend Forscher in allen möglichen Zentren und Universitäten in ganz Europa finden sich dort zusammen, um ihre Experimente zu planen und auszuführen. CERN ist in Wirklichkeit eine riesige Sammel- und Verteilerstation von und für Daten.« Nachdem Hypertext erfunden war, dauerte es noch seine Zeit, bis der erste Browser auftauchte, der die Sprache des Netzes zu interpretieren vermochte und sie in eine Form übertrug, mit der die Nutzer etwas anfangen konnten. Ab diesem Zeitpunkt war keine komplizierte Vorgehensweise mehr nötig, um eine Verbindung herzustellen. Es genügte, einfach einen Icon auf dem Bildschirm anzuklicken. Die Information wurde in Form von Seiten organisiert. Durch diese wesentlich einfachere Handhabung verließ das Internet das akademische Umfeld und wurde zu einem populären Phänomen weltweit. Anfang der neunziger Jahre löste die Einführung des WWW als Plattform für einen einfachen Zugang und eine simple Nutzung ein gigantisches und unkontrolliertes Wachstum dieses Netzes aus. Es verwandelte sich fortan in ein echtes »Netz der Netze«, ein Spinnennetz, wenn man so will.

Das Web – eine Bezeichnung, die man überall auf der Welt versteht – beruht auf einer Art voluntaristischem Prinzip, obwohl natürlich die großen multinationalen Konzerne und die Betreiber der Server sich längst dort eingenistet haben und allmählich die Kontrolle des Datenverkehrs übernehmen. In seiner romantischen oder bohemienhaften Version, die sich immer noch hält, leidet es einerseits an Unzulänglichkeiten und profitiert anderer-

seits von den Entdeckungen, die diese autodidaktische
Vorgehensweise mit sich bringt. Eines seiner grundsätz-
lichsten Probleme besteht darin, daß ein beträchtlicher
Teil der Bandbreite geschluckt wird und somit kein Raum
mehr da ist für die Übertragung weiterer Informationen.
Die meisten Telefonnetze dieser Welt sind für Gespräche
ausgelegt, die im allgemeinen nicht länger als vier Minuten dauern, während eine Verbindung im Internet sich im
Durchschnitt über eine knappe halbe Stunde hinzieht.
Wenn wir wollen, daß die Informationsgesellschaft Fortschritte macht, ist es daher geboten, eine eigene Infrastruktur zu errichten und Endgeräte mit hoher Bandbreite daran anzuschließen,
Auf der anderen Seite wäre das Internet kaum so bedeu-
tend, wenn es nicht die informellen internen Netze integrieren könnte, die zahlreiche Unternehmen, Klubs und
Nutzerzusammenschlüsse aufgebaut haben. Erst die Sum-
me aus Internet und Intranets macht das Ganze zu einem
explosiven und revolutionären Phänomen, weil es alle
Kommunikationsarten, die zwischen weit entfernten Individuen und Kollektiven möglich sind, miteinander kombiniert. Die Popularität des Internets hat ein wenig den
Blick darauf verstellt (zumindest den der Öffentlichkeit),
daß die Bedeutung der Intranets stetig zunimmt. Diese
werden in den kommenden Jahren um ein Vielfaches
wachsen und die sogenannte digitale Gesellschaft auf entscheidende Weise prägen.
Ein anderes und nicht unwesentliches Problem liegt in der
relativen Komplexität der jeweiligen Schnittstellen zum
Anwender. Der Computer ist ein Arbeitsmittel, das über
ein primitives Stadium noch nicht hinausgelangt ist, und
selbst das ist noch untertrieben, wenn wir als Meßlatte die
Versprechungen und Erwartungen anlegen, die man in
der digitalen Welt hegt. Die Technik hat zwar das Problem

gelöst, wie man große Informationsmengen kodifiziert, überträgt und verwaltet. Die Erfinder haben aber noch keine rechte Methode gefunden, wie man auf einfache und schnelle Weise davon profitieren kann. Die Ausbreitung der Datenbahnen hängt im hohen Maße von der »Fahrbereitschaft« der PCs ab. Nun hat die Industrie uns daran gewöhnt, beim Computer an einen Spezialapparat zu denken: an eine Art riesige Schreibmaschine, deren Klappern von einem lauten Summen abgelöst worden ist, bestückt mit einem Fernsehbildschirm, der auf geschriebene oder ikonographische Befehle reagiert, die zu geben nicht immer ganz einfach und die zu verstehen nicht unbedingt leicht ist. Diese obsolet gewordene Auffassung von Computern hat dazu geführt, daß manche die Vorstellung entwickelt haben, die digitale Zukunft werde auf einen Kampf zwischen Computer- und Fernsehbildschirm hinauslaufen. Hinzu kommt, daß man man nicht nur Computer mit Fernsehschirmen ausgestattet hat, sondern daß alle Fernseher schon bald mit einem kleinen integrierten Computer ausgerüstet sein werden. Man nennt dieses Gerät Decoder und kann darüber die verschiedenen digitalen Pay-TV-Kanäle abrechnen, aber auch Einkäufe von Zuhause erledigen oder Daten beziehungsweise Softwareprogramme übertragen. Daher wird diese Schlacht schon bald in einen Waffenstillstand münden, dem seinerseits ein Burgfrieden folgen wird: Die Konvergenz von Fernseher und PC ist unaufhaltsam.

Das Geduldsspiel

Die Geschichte der Kommunikation zeigt, daß Medien einander ergänzen: Weder hat das Radio die Zeitungen zum Verschwinden gebracht, noch das Fernsehen das

Radio oder das Kino, das wiederum seinerseits nicht das Todesurteil für das Theater bedeutet hat. Aber nicht nur die Medien, sondern auch die Technologien ergänzen einander. Und ist nicht die Computertechnologie in Wirklichkeit nur ein weiteres Kommunikationsmedium? Man darf in diesem Zusammenhang nicht vergessen, daß die ersten Telegraphenleitungen entlang der Eisenbahnlinien gespannt wurden. Deshalb sollte man mit spekulativen Prophezeiungen mehr als vorsichtig sein. Heutzutage benutzt man gleichermaßen Computer, um Pflanzen zu gießen und um Bilder zu malen. Kaum ein Schriftsteller, der ohne ihn auskäme. Und kaum eine Firma weltweit, ob groß oder klein, die ihre Aktivitäten nicht auf das stützte, was man damals – ein wenig übertrieben, aber nicht ganz zu Unrecht – elektronisches Gehirn genannt hat. Aber auch wenn die Zahl derer, die einen Computer benutzen, noch so groß ist, so ist doch offenkundig, daß nur eine Minderheit imstande ist, ihn mit einer gewissen Versiertheit zu handhaben. Einem Romancier ersetzt er das mühsame Schreibzeug; ein Landwirt weiß mit seiner Hilfe, wie er die Bewässerungszeit steuern und die Düngermenge dosieren muß. Dennoch haben nur wenige genügend Sachverstand und ausreichend Zeit, um in den Informationsnetzen herumzusurfen. Die digitale Revolution wird erst zu sich selbst kommen, wenn die Anwender gelernt haben, den Computer als vielseitiges Werkzeug einzusetzen.

Daher arbeiten Hardware- und Softwarespezialisten unermüdlich daran, Maschinen und Programme zu entwickeln, die den Umgang mit dem Computer erleichtern und humaner gestalten. Alle reden sie davon, daß die Maus (sicherlich eines der wenigen wirklich netten und sympathischen Geräte) bald verschwinden und durch ein Touchscreen-Verfahren ersetzt werden wird, bis letzten

Endes Maschinen Verbreitung finden, die gesprochene oder sogar visuelle Befehle ausführen können.[9] So hat man bei Spracherkennungssystemen große Fortschritte erzielt, und darüber hinaus zeichnen sich bei den Flüssigkristallbildschirmen bereits spektakuläre Verbesserungen ab. Es wird nicht mehr lange dauern, bis bedienerfreundliche Computer, die aus flexiblem Material bestehen und der menschlichen Stimme gehorchen, weitverbreitet Anwendung finden. »Sprachgestütze Technologien« werden nicht mehr als nebensächlich abgetan, sondern nehmen einen wichtigen Platz in der Forschung ein. Die Stimmerkennung (Sprache – Text), die Umwandlung von Text in Stimme (automatische Sprachgenerierung), die Sprecheridentifizierung und die Kodifizierung von menschlichen Lauten erfordern eine blitzschnelle Auflösung von komplexen Algorithmen[10], wenn man zu einer Anwendung in Echtzeit und zu einer unmittelbaren Reaktion kommen will. Im Falle der Spracherkennung müssen 25 Millionen Operationen pro Sekunde ausgeführt werden, und das ist dank der jüngsten Generation von Mikroprozessoren durchaus möglich. Wenn sich diese Probleme, die in den Labors heute schon überwunden sind, im industriellen Maßstab lösen lassen, wird der Gebrauch solcher Heimcomputer – wie immer das physische Erscheinungsbild des Endgeräts auch aussehen mag – massiv ansteigen. Die flächendeckende Ausstattung von Schulen mit Rechnern wird auch in den wenig industrialisierten Ländern zu einem beachtlichen Wachstum führen. Mit dem Massenkonsum werden schließlich die Preise rapide sinken. Aber mehr noch als der niedrige Preis wird die praktische Verwirklichung dieses freundschaftlichen Umgangs mit der Maschine zu deren Popularisierung beitragen.

Alle Versuche, ein universelles Endgerät zu entwickeln, das alle interkommunikativen Anforderungen der Nutzer zu erfüllen vermag, scheinen zum Scheitern verurteilt. In gewissem Sinn gleicht ein solches Unterfangen der Vorstellung, der Erwerb einer Enzyklopädie reiche aus, um eine ganze Bibliothek aufzubauen oder zu ersetzen. Gleichzeitig aber sehen wir uns vor die Situation gestellt, daß der PC – so, wie wir ihn heute kennen – und der Fernseher miteinander verschmelzen. Beide werden sie an die Netze angeschlossen sein, sei es über Kabel oder Satellit oder beides gleichzeitig. Die Bemerkung Negropontes, daß alles, was früher über Kabel eingespeist wurde (wie das Telefon), in Zukunft aus dem Äther kommen wird, und umgekehrt alles, was wir bislang als Wellen empfangen haben (wie das Fernsehen), über Kabel gesendet wird, ist nichts weiter als ein hübsches Bild. Kabel und Satelliten, Telefon und Fernsehen sind komplementäre Technologien und stehen mitnichten in einem Konkurrenzverhältnis. Vielseitige Endgeräte werden eines Tages Mehrfachfunktionen übernehmen, je nachdem, ob es sich um Handys oder Festanschlüsse handelt, und je nachdem, zu welchem Zweck sie dienen. Und in der Tat fungiert das Internet immer häufiger als Telefonanschluß, zumindest solange die Tarife für Ortsgespräche niedrig und in manchen Regionen sogar gratis sind.

Abgesehen von den Kosten wird der einzige spürbare Unterschied bei unseren Wahlmöglichkeiten in der Bandbreite unseres Zugangs liegen, der die Menge und die Geschwindigkeit der uns verfügbaren Information bestimmt, sowie in der Leistungsfähigkeit des jeweiligen Endgeräts, weil damit mehr oder weniger vielseitige Möglichkeiten der Informationsverarbeitung zur Verfügung stehen. Nachdem die erste, etwas zweifelhafte Entdeckereuphorie vorüber ist, paßt sich das Design der Endgeräte allmählich dem Verhalten und den Umgangsweisen der Nutzer an und gehorcht nicht mehr so sehr technologischen Notwendigkeiten oder Imperativen. Der technische Fortschritt bei drahtlosen Telefonen und Handys, die schon zur Datenübertragung dienen, und die Bemühungen der neuen Telefongesellschaften, die massiv auf den Markt der Ortsnetze drängen, der bislang von den alten Monopolgesellschaften kontrolliert wurde, haben bereits zu Experimenten geführt, das Internet via Satellit zu betreiben – bislang allerdings mit Endgeräten, deren bidirektionale Kapazität beschränkt war. Diese Versuche zeigen Möglichkeiten auf, wie man schon bald die erheblichen Investitionen vermeiden könnte, die eine flächendeckende Verlegung von Glasfaserkabeln verursacht.

Die Ausdehnung der Netze und deren Verknüpfung untereinander werden dieses Vorhaben enorm erleichtern. Die meisten Datenbanken weltweit sind heutzutage zugänglich, ohne daß man dafür eine aufwendige Infrastruktur bräuchte. Gleichzeitig sind die Kosten für Server – die Verwaltungs- und Verteilerstationen von Information – beträchtlich gesunken, mit der Folge, daß heute nicht mehr nur Forscher und Spezialisten Zugang haben, sondern auch die Allgemeinheit wie selbstverständlich davon profitiert. Die neue Architektur des Netzes, die auf Client-Server-Strukturen basiert, gibt Millionen von Menschen gleichzeitig die Möglichkeit, dieselbe elektronische Dienstleistung in Anspruch zu nehmen und relativ schnell Antwort zu erhalten.

Im Bereich der Nutzer-Interfaces forscht man nach Möglichkeiten, dem Netz seine Intelligenz zurückzugeben. Dieser Prozeß läuft der Idee von Bill Gates zuwider, diese Intelligenz gänzlich im Computerendgerät zu verankern.[11] Die entsprechenden Anforderungen auf Benutzerseite sind folglich sehr gering, sowohl was die Kosten als auch was die technologische Leistungsfähigkeit angeht; denn Anwendungen werden in Zukunft hauptsächlich von Servern aus gesteuert. Dadurch benötigt man als Endgerät eigentlich keinen normalen Computer mehr; ein Gerät, das nahezu ohne Festplattenspeicher auskommt, reicht für diese begrenzten Leistungen vollkommen aus. Desgleichen können Programme auf den Chips von Mobiltelefonen, Bankautomaten, Fernsehern oder digitalen Decodern installiert werden. Über jedes dieser Endgeräte wird man dann ganz leicht seine elektronische Post abfragen, Nachrichten senden und empfangen, ins Web gehen und Textverarbeitungprogramme benutzen können. Dies ist kein Sciencefiction-Szenario, sondern eine Realität, die bereits stattfindet und schon bald ihre Markttauglichkeit unter Beweis stellen wird.

Den großen Telekommunikationsunternehmen sind freilich jene Technologien lieber, die ein Potential nutzen, das im Netz angelegt ist, weil sie dadurch mehr Dienstleistungen zu wesentlich geringeren Kosten anbieten können. Man glaubt, daß damit die Nachfrage nach Telefonleitungen steigen wird, die genügend Bandbreite aufweisen, um noch mehr Multimediaanwendungen zu gestatten. Wie die neuen Technologien in Zukunft genutzt werden, wie die Struktur der Netze aussehen wird und welche Anforderungen an die Endgeräte gestellt werden, hängt davon ab, in welche Richtung sich der noch sehr nachfrageorientierte Markt bewegen wird. Die wachsende Beliebtheit des Internets hat dazu geführt, daß die Industrie sich auf Privathaushalte und die Bedürfnisse von Verbrauchern fixiert hat. Es ist jedoch mehr als wahrscheinlich, daß gerade in der Geschäftswelt die Nachfrage nach Information bald sehr viel stärker ansteigen wird; denn dort setzt man auf Globalisierung, Vertraulichkeit, Schnelligkeit und Sicherheit. Privatleute sind bestimmt nicht bereit, den Umbau oder die Modifikation der aktuellen Infrastrukturen zu finanzieren, wenn sie am Ende doch nur Zugang zu

Anwendungen erhalten, die für sie von nur zweifelhaftem Nutzen sind. Es ist durchaus vorstellbar, daß Videokonferenzen sich in der Arbeitswelt durchsetzen, obgleich die Begeisterung für das Bildtelefon sich als nicht besonders groß erwiesen hat, eingedenk der Tatsache, daß ein solches Modell, damals noch mit analoger Technologie, bereits vor dreißig Jahren erstmals in den Schaufenstern lag.

Kabel, Satelliten und andere Fallstricke

Während man auf der einen Seite der Entwicklung des Internets und dem Gebrauch von Heimcomputern übertrieben viel Aufmerksamkeit schenkte, hat man es auf der anderen Seite verschlafen, die Konsequenzen zu beleuchten, die eine Verwendung von digitaler Technologie beim Fernsehen und der Zuwachs an Direct-to-Home-Dienstleistungen via Satellit (DTH) nach sich ziehen. In den USA hat die Tatsache, daß Kabelnetze im Gegensatz zu vielen entwickelten Ländern Europas weit verbreitet sind, sowie die längst schon selbstverständliche Gewohnheit der Amerikaner, Hunderte von Fernsehkanälen zu empfangen, dazu geführt, daß einige Forscher nicht begreifen, welche Rolle das digitale Satellitenfernsehen bei der Entwicklung von Telekommunikationssystemen weltweit spielen wird. Einmal abgesehen von politischen und wirtschaftlichen Überlegungen, sollte doch die Tatsache ins Auge stechen, daß das digitale Fernsehen viele der Aufgaben übernehmen kann, für die heute noch Computer nötig sind. Es geht nicht nur darum, die technische Qualität einiger Angebote, etwa beim Empfang von Videobildern und Stereoklängen, zu erhöhen, sondern auch darum, sich vorzustellen, wie unterschiedlich sich Nutzer vor dem jeweiligen Bildschirmtyp verhalten. Der Fernseher paßt gut zu Freizeit und Unterhaltung, ob man nun Filme ansieht, Musikaufnahmen hört oder sich in interaktive Spiele verstrickt. Der Computer scheint mehr mit der Arbeit oder ganz privaten Angelegenheiten zu tun zu haben – nur wenige von uns können sich vorstellen, statt am Computer am Fernseher an einer Talkrunde teilzunehmen oder einen Brief zu erhalten. Nachdem der Fernseher lange Zeit nur »die Glotze« gewesen ist, könnte er sich nun – oder besser gesagt: sein Decoder, der im Falle des digitalen Fernsehens daran angeschlossen ist – in eine ebenso abfällig bezeichnete »Kiste« verwandeln, welche die minimalen, aber notwendigen Operationen ausführt, die der Konsument zuhause wünscht. Schon sehr bald werden wir über die Dienste des digitalen Fernsehens ins Internet gehen – Dienste, die dank zweier Kupferdrähte heute die Empfangsqualität der Bilder via Satellit mit der telefonischen Interaktivität kombinieren. Angesichts all dessen wird die Konvergenz der Technologien es erlauben, den Markt in viel größeren Schritten zu erobern als durch einen verbesserten Ausbau der Kabelnetze.

Die Millionen kleiner Parabolantennen, die sich über den gesamten Erdkreis ausbreiten, fügen der Revolution, die uns die vielen technischen Neuheiten der digitalen Welt im letzten Jahrzehnt beschert haben, eine weitere hinzu. Die Fernsehbetreiber werden zu den neuen »Türwächtern« für den Zugang zu den Netzen und wahrscheinlich den Sieg über Unternehmen wie AOL davontragen, da diese auf Verbündete aus dem audiovisuellen Bereich angewiesen sind, wenn sie überleben wollen.[12] Um Kunden anzulocken, werden sie von Anfang an auf den Glamour von Hollywoodfilmen und die Leidenschaft für Sport-Liveübertragungen setzen. Leichter zu handhabende Interfaces werden zum ersten Mal eine erwachsene Bevölkerung in den Gebrauch der neuen Techniken einführen, weil die Mühsal, sich erst mit der Geheimsprache der Cyberkultur herumzuplagen, entfällt.

Sicherlich erreicht die technologische Revolution nicht alle in gleichem Maße, und allein in den Vereinigten Staaten haben sechs Millionen Menschen überhaupt kein Telefon. Der Slogan des »Zugangs für alle«, den Regierungen und Telekommunikationsgesellschaften ständig propagieren, deckt sich bei weitem noch nicht mit der Realität, sondern ist im Gegenteil ein geschickter Köder, den Politiker und Firmenchefs ausgelegt haben. Tatsächlich mußte man vor zwanzig Jahren in vielen industrialisierten Ländern noch Schlange stehen, um einen Telefonanschluß zu erhalten. Wenige Familien konnten es sich leisten, mehr als einen Fernseher zu haben – andere besaßen gar keinen –, und Taschenrechner wurden fast so gehandelt, als seien sie eine wertvolle und geheimnisvolle Ware. In absehbarer Zeit, in fünf oder zehn Jahren, wird indes unter der erwachsenen Bevölkerung in den industrialisierten Ländern der Gebrauch von Computern ganz selbstverständlich sein. Dann wird es keinen einzigen Entscheidungsträger mehr geben, der seine kulturellen Wurzeln nicht in einer Tradition verorten würde, die man dann bereits »kybernetisch« nennen wird. In technischer Hinsicht wird beim Ausbau der Datenbahnen das einzige Problem darin bestehen, die Theorien und Entwicklungen, die in Forschungslabors bereits erfolgreich getestet wurden, in eine Serienproduktion umzusetzen, die dem Konsumenten ein attraktives Kosten-Nutzen-Verhältnis bietet. Das Resultat in wenigen Jahrzehnten sieht so aus, daß sich ein aktiver Staatsbürger, unabhängig davon, aus welchem industrialisierten Land er stammt, über Kabel, Parabolantenne oder ein drahtloses Endgerät in der Nähe eines Receivers an dieses Universum angekoppelt finden wird. Er wird sich durch dieses Band als Mitglied einer weiten und oftmals virtuellen Gemeinschaft fühlen, deren Grenzen diffus sind oder gar nicht existieren, und innerhalb derer soziale Hierarchien erst noch etabliert und Normen erst noch festgelegt werden müssen.

Einige werden jetzt vielleicht zu dem Schluß kommen, daß die verdrahteten und vernetzten Menschen, elektronischen Marionetten gleich, womöglich manipulierbar seien. Andere werden hingegen die Befreiungsmöglichkeiten begrüßen, die das Navigieren durch den neuen Cyberspace den Bewohnern des Planeten im kommenden Jahrtausend bescheren wird. Um letzteres Wirklichkeit werden zu lassen, müssen die Hohepriester dieser neuen Religion allerdings ihre erst kürzlich eingeweihten Klöster verlassen und die kryptische Sprache aufgeben, mit der sie sich gerne schmücken. In der Menschheitsgeschichte zeichnen sich alle Freiheitsbewegungen dadurch aus, daß sie die geheimen Codes geprengt haben, die den Eliten zuvor die Herrschaft über den Rest der Gemeinschaft garantierten. Die Technologie hat bei der Gestaltung der globalen Informationsgesellschaft eine wichtige Rolle gespielt und wird sie auch weiterhin spielen. Aber nicht das Begreifen der technischen Seite des Phänomens, sondern seine Anpassung an die alltäglichen Lebensformen werden für Entwicklung und Fortschritt sorgen.

Das schnelle Veralten der Technologien, die ständigen Innovationen und neuen Handhabungsweisen zeigen nur allzu deutlich, wie unvorsichtig Propheten mit ihren Voraussagen oft sind. Die Erfindung des Buchdrucks galt vielen als Teufelswerk, durch das Pornographie und subversive Ideen Verbreitung finden würden. So dachte man zumindest in den Druckereien der Sorbonne, obwohl doch das erste Buch, das dort gedruckt wurde, die Bibel war. Zeitgenössische Experten standen dem Telefon skeptisch gegenüber und sprachen dieser Erfindung kaum eine Überlebenschance zu, da sie nur die Privatsphäre verletze und dem häuslichen Frieden ein Ende bereite. Als in den Vereinigten Staaten die Geburtsstunde des Fernsehens schlug, veröffentlichte die ehrwürdige *New York Times* einen Artikel, in dem es hieß, daß die Amerikaner gar nicht die Zeit hätten, um jeden Tag eine halbe Stunde auf das zu starren, was ihnen ein kleiner Bildschirm anböte. Gegenwärtig müssen wir uns mit einer ganz anderen Haltung auseinandersetzen. Die heutigen Beobachter haben offenbar aus früheren Fehlschlägen gelernt und werden nicht müde zu verkünden, daß sich die Menschen im digitalen Zeitalter auf grundlegende Veränderungen gefaßt machen müssen, ob nun zum Guten oder zum Schlechten. Bill Gates kündigt an, daß der Computer der Zukunft so etwas wie eine »Persönlichkeit« besitzen und sogar in der Lage sein wird, den Gemütszustand des Nutzers zu erkennen und zu interpretieren. In seinem Roman *Microsklaven* geht Douglas Coupland mit seinem Mahnruf noch weiter. Eine der Figuren sagt dort: »Man kann die Erfindung des Rades, des Radios oder eben des Computers nicht rückgängig machen. Wenn wir schon lange tot sind, werden Computer immer noch weiterentwickelt werden, und früher oder später – das ist keine Frage des Ob, sondern des Wann – wird ein ›Etwas‹ geschaffen, das eine eigene Intelligenz hat. […] das Etwas läßt sich nicht mehr aufhalten. Es wird kommen. Man kann es nicht rückgängig machen.«[13]

Allerdings hat dieses Wesen wohl größere Chancen, aufgrund der Fortschritte in der Biogenetik und Klonforschung das Licht der Welt zu erblicken als durch eine elektronische Remodellierung unseres Nerven- und Neuronensystems. Auch wenn die Technik praktisch alle Probleme bereits beseitigt hat, sollte man allzu hohe Erwartungen lieber dämpfen und erkennen, daß zumindest noch eine Frage ungelöst bleibt, die dringend einer Antwort bedarf: Wie läßt sich ein gelassener Umgang der Menschheit mit ihren Entdeckungen erreichen?

2.
ZURÜCK IN DIE ZUKUNFT

Der Mensch ist ein Tier, das sprechen kann. Aristoteles gründet seine Ethik auf diese Besonderheit des menschlichen Wesens. Seine Soziabilität und seine Organisation in Gruppen, die sich an ein hierarchisches Wertesystem halten, einige moralische Kriterien respektieren und sich ihnen unterordnen, läßt sich auf die Möglichkeit zurückführen, Beziehungen miteinander aufzunehmen, zu fragen und zu antworten. Die Griechen reklamierten die Fähigkeit des Staunens als den ersten und grundlegenden Anstoß für die Philosophie. Die Neugier ist die Wurzel aller Weisheit, und diese wächst nur durch Frage und Antwort, durch den Dialog. Darauf bezog Sokrates die Mäeutik als Methode, das Sein zu erforschen. In freundschaftlichen Gesprächen mit seinen Schülern legte er den Keim für das Wissen, indem er die Realität in Frage stellte. Es ist nur natürlich, daß das Wort bei der Erschaffung der Welt einen biblischen Ehrenplatz einnimmt: »Das Wort war bei Gott, und das Wort war Gott«. Nur durch das Wort und den Dialog können wir das Sein, das Allgemeine und das Besondere, entdecken; nur dadurch können wir mit den Mitmenschen Beziehungen aufnehmen und uns als menschliche Wesen identifizieren.
Die Infobahnen vermitteln uns das Bild von Männern und

Frauen, die rund um den Erdkreis mit ihresgleichen sprechen. Dies erachtet man als unstrittigsten und stärksten Beitrag zu einer modernen Gesellschaftskonstruktion. Dank der Netze, dank der Cyberreise der Bits im virtuellen Raum befinden wir uns in einer Art universellem und vielfältigem Dialog, der keine sichtbaren Grenzen kennt und nur die Einschränkungen erfährt, die wir uns selbst auferlegen. Ein großer Teil der Zeit, die wir im Internet verbringen, besteht aus Foren, alternierenden Diskussionen und Debatten über alle möglichen Fragen. Es sprießen Cybercafés, Chats und Clubs aller Art aus dem Boden, wo jugendliche Träumer, gelangweilte Hausfrauen und Arbeitslose ihre Zeit dazu verwenden, sich über die abstrusesten Themen auszulassen. Manch einer beschwert sich über die trivialen Inhalte dieses Austauschs, der sich allzuoft darauf beschränkt, die sexuellen Phantasien von Jugendlichen und Singles zu befriedigen oder gehaltlos und bisweilen gar frivol über ernste Dinge zu palavern. Meiner Meinung nach besteht deswegen kein Grund zur Aufregung. Schon immer war die Tatsache, *daß* ein Dialog zustandekommt, wichtiger als der Inhalt des Gesprochenen. Unter diesem Gesichtspunkt betrachtet, leisten die Datenbahnen, sofern man das Internet als ihre Repräsentation ansieht, einen effektiven Beitrag zu der Erkenntnis, daß die Basis allen Wissens die menschliche Erfahrung ist.

Diese Erfahrung wandelte sich mit dem Auftauchen der Schrift in qualitativer Weise und verbreitete sich dank der Erfindung des Buchdrucks. Die graphische Darstellung des gesprochenen Wortes erlaubte die Speicherung des historischen Gedächtnisses, die Abstraktion von Begriffen sowie die Hierarchisierung der Funktionsweise des Intellekts. Die Idee von Hierarchie, Autorität oder Vorrang einiger Wissensformen über andere dient dazu, sie von einfachen Informationen zu unterscheiden. Die Schrift trug gleichermaßen dazu bei, daß sich ein abstraktes Denken entwickeln konnte und sich die kreative Intuition anderen mitteilen und überall verbreiten ließ. Sie erlaubte es uns, nicht nur kognitive Kategorien zu erstellen, sondern auch solche, die sich auf Gefühle oder Charaktereigenschaften bezogen. Kurz gesagt, sie erleichterte das Lernen.

Vom Auftauchen der Nomadenstämme über die Entstehung der Nationalstaaten und Einführung der Kernfamilie bis hin zu den internationalen Bewegungen haben alle Gruppenorganisationen immer gemeinsame Bezugspunkte gesucht, um ihre Verflechtung zu rechtfertigen. Auch haben sie dafür gesorgt, daß freiwillige oder oktroyierte Funktionsregeln aufgestellt wurden, die zumindest ausreichten, um das Überleben zu sichern. In diesem ausgehenden Jahrhundert haben die Massenmedien, eines der charakteristischsten Phänomene dieser Zeit, bei der Bildung dieser Gruppenidentität und bei der politischen Ausgestaltung der Gesellschaft eine zentrale Rolle gespielt. Ihr Part als Schöpfer eines kollektiven Bewußtseins ist unbestritten. Als der Buchdruck erfunden wurde, hatten die Menschen bereits entdeckt, welche Macht in der Möglichkeit begründet lag, die gleiche Botschaft einer breiten Masse zu übermitteln und ihren Inhalt vor dem Raubbau der Zeit zu bewahren. Durch das Buch ließen sich Ideen leicht zu Ideologien umformen, und Erfahrungen konnten schnell und sicher von einer Generation zur nächsten weitergegeben werden. Später trugen Tageszeitungen und in der Folgezeit Radio, Fernsehen und andere große Kommunikationsmedien dazu bei, diesen Prozeß zu verschärfen. Durch die Elektronik, die modernen Reproduktionssysteme und durch die Speicherung von Daten ist es seit Jahrzehnten möglich, daß Millionen von Menschen simultan die gleiche Botschaft erhalten oder »live« jeglichem Ereignis in genau jenem Moment beiwohnen, in dem es stattfindet. Bei der ersten Mondlandung gerieten wesentlich mehr Menschen darüber in Exstase, daß sie den ersten Schritt eines Menschen auf dem Erdtrabanten als Direktübertragung auf dem Bildschirm mitverfolgen konnten, als über die Tatsache, daß die Reise durch das All endlich gelungen war.

Die Kommunikationsmedien sind zu einem unabdingbaren Baustein in der politischen und sozialen Struktur der Völker geworden. Sei es, daß man sie mit McLuhan als Erweiterung der menschlichen Sinne betrachtet, sei es, daß man in ihnen ein echtes kollektives Nervensystem sieht: Ihr Einfluß bei der Gestaltung eines kollektiven Bewußtseins und der Errichtung eines allgemein anerkannten Moralkodex ist essentiell. Das war zum größten Teil nur deshalb möglich, weil in einem traditionellen Sinn die Kommunikationsmedien dieselbe gleichlautende Botschaft an eine Vielzahl von Menschen übermitteln können. In vielen Schulen der Kommunikationswissenschaft lehrt man immer noch das alte Schema von Sender, Überträger und Empfänger einer Botschaft. Wie veraltet diese Analyse auch erscheinen mag, so ist doch gewiß, daß die Medien mitsamt ihren Verantwortlichen sich ganz selbstverständlich um die beiden ersten Aufgaben gekümmert haben, das heißt um das Senden und Übertragen. In der globalen Informationsgesellschaft wird das nicht mehr notwendigerweise so sein.

Interaktivität und Chaos

Die Verbindung von Informatik, Telekommunikationssystemen und großen Datenbanken oder Informationsmedien bildet das objektive Fundament für die Infobahnen. Ihre gesellschaftliche Wirkung wäre aber nicht so durchschlagend, wie wir das gerade erleben, wenn sich das gesamte System nicht auf Interaktivität gründete. Diese Interaktivität versetzt das Individuum wieder in die Lage, einen Dialog zu führen, sie gibt ihm seine eigenen ethischen Grundlagen zurück und plaziert ihn wieder im Zentrum der Schöpfung. Wir haben es mit Übertragungsnetzen zu tun, die auf informeller Ebene funktionieren und nicht unbedingt hierarchisch organisiert sind und in denen die Nutzer der Information oft auch deren Lieferanten und Sender darstellen. Natürlich existierte bereits vorher ein interaktiver Umgang auf sozialer und individueller Ebene, und einige technische Neuerungen wie z. B. das Telefon trugen beträchtlich dazu bei, daß er stark zunahm. Genau genommen sprechen wir also, zumindest in einigen Aspekten, von einem verbesserten Telefon, das neben dem Gespräch noch ganz andere Dinge ermöglichen soll. Genutzt wird dabei die Einführung digitaler Systeme mit großer Bandbreite, die die Menge der Informationen, die bislang analog übertragen wurde, beträchtlich erhöht haben, und außerdem bei der Übertragung von Bildern und Tönen wesentlich leistungsfähiger geworden sind.

Die Interaktivität erlaubt es, sich alle möglichen Evolutionsweisen in der Beziehung zwischen dem Menschen und seinem Medium vorzustellen, was dazu geführt hat, daß einige Experten es für angebrachter halten, von Interkreativität[14] zu sprechen. Wenn wir zum Beispiel an elektronische Tageszeitungen denken, so richten sich die Hoffnungen auf die Möglichkeit, daß jeder sich seine eigene und private Zeitung à la carte zusammenstellen lassen kann. Eine Zentralredaktion zaubert dann einen entsprechend ausführlichen und angepaßten Nachrichtenindex auf den Computerbildschirm des Abonnenten. Schon jetzt findet man im Netz verschiedene Ausgaben von *Daily Me* – wie dieser Versuch einer persönlich zugeschnittenen Tageszeitung scherzhaft heißt –, und zweifellos wird die Zahl dieser Publikationen in Zukunft um ein Vielfaches zunehmen. Man setzt dabei – ein wenig naiv – darauf, daß ein an internationaler Politik interessierter Leser die Anzahl an Seiten und Berichten, die diesen Angelegenheiten gewidmet sind, auf Kosten von Nachrichten aus Sport und Wissenschaft, falls er diese für vernachlässigenswert erachtet, verdoppeln kann. Ebenso kann er auf einige Beilagen verzichten und dafür andere nutzen, die ihn speziell interessieren; er kann Nachrichten nach Wichtigkeit hierarchisch ordnen, sie in der Phase ihrer Zusammenstellung mit mehr oder weniger Datenmaterial versehen lassen und ebenso vorausgegangene Ausgaben, ergänzende Fotos und sogar Videos oder Filme über das fragliche Thema bestellen. Man verspricht uns eine Zeitung nach Maß, ganz ähnlich einem Maßanzug, nebst so vielen Alternativen wie nötig, um auch alle Familienmitglieder zufriedenzustellen.

Die Erfahrung aber zeigt, daß Zeitungslektüre im Netz bislang sehr viel konventioneller abläuft, als oben geschildert, und sich diese kleine Utopie in der alltäglichen Praxis fast verliert. Gleichwohl wächst in den entwickelten Ländern die Anzahl der Menschen, die ihre Tageszeitung am Bildschirm lesen, statt sie am Kiosk zu kaufen.[15] Die Vorteile liegen vor allem darin, daß Leser, selbst wenn sie in einem anderen Land leben, jeden Morgen ihre Lieblingspublikation lesen, sich ihrer Lieblingskolumnisten erfreuen und sich schriftlich an den Chefredakteur wenden können. Bislang ist nicht zu erkennen, daß eben diese Leser womöglich die Redakteure ersetzen, sondern sie stellen allenfalls eine Bedrohung für das Druckgewerbe und für den klassischen Vertrieb dar. Wahrscheinlich werden noch Jahrzehnte vergehen, bevor diese Strukturen verschwinden, wenn es denn überhaupt soweit kommt. Dennoch sehen sich Printmedien bereits heute dazu gezwungen, mit ihren eigenen digitalen Ausgaben zu konkurrieren, die grundsätzlich billiger zu produzieren sind und deshalb dem Verbraucher zu einem viel erschwinglicheren Preis zugänglich gemacht werden können.

Die Interaktivität bezieht sich weder ausschließlich noch elementar auf diese Art von Prophezeiungen über die Zukunft der Zeitungs- bzw. Buchproduktion oder von Konferenzen. Ihre bemerkenswerteste Ausformung ist es, daß die miteinander verknüpften Netze dazu dienen könnten, vollkommen informelle Keimzellen des Dialogs zu etablieren, die keinerlei Kontrolle unterworfen sind und Grenzen überschreiten können. Viele Nutzer des Internets verhalten sich bislang in gewissem Maße so wie die Funkamateure aus alten Zeiten und navigieren im Cyberspace auf der Suche nach weit entfernten und unbekannten Gesprächspartnern, die ihnen vom erotischen Abenteuer bis zur Weinprobe alles anbieten, oder sie suchen einen Zugang zur Kongreßbibliothek, die Lieder der Spice Girls oder die Archive der Universtät von Oxford. Dieser Mischmasch an Beispielen kommt nicht von ungefähr. Wenn sich Millionen von Menschen in Kreisen, deren »rassische«, nationale, soziale und kulturelle Zusammensetzung unendlich viele Varianten erlaubt, miteinander unterhalten, kann man sich nur allzugut vorstellen, daß das hierarchisch geordnete Wertesystem jeder Gesellschaft größtenteils durch Chaos ersetzt wird.

In einer Gesellschaft, die wie die unsere streng hierarchisch aufgebaut ist, hatte das Chaos nie sonderlich gute Karten. Offensichtlich steht es im Widerspruch zu den Paradigmen von Recht und Ordnung, die in den entwickelten Gemeinschaften so verbreitet sind. Paradoxerweise verdankt sich der Erfolg des Internets gerade in diesen Gesellschaften größtenteils einem vollkommen ungeordneten Wachstumsmodell, sowohl was die aus Hardware und Software zusammengefügten Elemente als auch was die Verfahrensweise angeht, mit der die User im Netz mit anderen Cybernauten in Verbindung treten. Dieses Verhalten hat nicht nur mit Fähigkeit oder Unfähigkeit der Nutzer zu tun, sondern mit dem grundsätzlichen Geist, der das gesamte System beseelt. Trotz seines negativen Images ist das Chaos nicht nur eine verteidigenswerte Methode, sondern die Grundlage eines ganzen Wissenschaftszweiges, der versucht, das Universum mit seiner Hilfe zu erklären.

In der Mathematik besteht das Basisprinzip der Chaostheorie darin, ein Element namens Fraktal zu definieren, das seine Identität auf jeder Stufe beibehält. Dieses Fraktal kann sich bis ins Unendliche reproduzieren und dabei immer wieder neue Kombinationen herstellen, bei denen die Anfangskomponente immer die gleiche und das Ergebnis immer ein anderes ist. Aus der kontinuierlichen Wiederholung des Basisprozesses leitet sich eine Realität ab, die immer verschieden, stets im Wachstum begriffen und deren charakteristisches Merkmal in vielen Fällen die Unvorhersagbarkeit ihrer zukünftigen Konfiguration ist.

Die Chaostheorie ist in alle Wissenschaftsbereiche vorgedrungen. Der griechische Astrophysiker George Contopoulos meint, daß »man das Chaos genauso braucht wie die Ordnung. Es ist der Schlüssel dafür, daß Galaxien ihre Form ausbilden, für das Leben und sogar für das Funktionieren des menschlichen Körpers. Das Chaos hat nichts mit dem Zufall zu tun. Es taucht in Systemen auf, die von strikten natürlichen Regeln regiert werden, wenn sie instabil sind«, das heißt, wenn eine minimale Abweichung in

den ursprünglichen Bedingungen innerhalb dieser Systeme am Ende gigantische und unvorhersagbare Veränderungen provoziert. »Wenn das Herz mit der Exaktheit eines Metronoms schlüge, könnte es nicht auf einen Schreck reagieren … ein Herz, das in einem sehr gleichbleibenden Rhythmus schlüge, wäre unfähig, sich Veränderungen anzupassen. Es wäre für den Menschen sehr gefährlich [...]. Was die Lunge angeht, so ähnelt ihre innere Form einem Fraktal. Ihre Oberfläche ist tausendmal größer als die der Brust, und erlaubt es so, daß wesentlich mehr Blut mit Sauerstoff versetzt wird.«[16]
Indem sie identische Technologien und ähnliche Zugangsprotokolle für das Netz verwenden, haben die Nutzer des WWW ein autonomes System errichtet, ohne daß es eine Autorität gäbe, die es auf ein bestimmtes Ziel festlegt. Anthony M. Rutkowsky, der Vizepräsident von General Magic, gehört zu denen, die die These verteidigen, daß diese Fähigkeit des Internets zur Selbstorganisation und seine Selbstähnlichkeit, egal auf welcher Entwicklungsstufe, es erlauben, das Netz durch das Prisma der Fraktaltheorie als ein »chaotisches« System zu betrachten. [17] Und gemäß dem, was zuvor dargelegt wurde, kann jede Abweichung oder jeder Irrtum am Anfang gigantische Transformationen des ganzen Systems verursachen.
Für den Durchschnittsbürger jedoch ist das Chaos weniger ein mathematischer Begriff, sondern vornehmlich eine existentielle oder soziale Kategorie.

Freiheit als Köder

Die Neigung des Internets zur Selbstorganisation wird ganz grundsätzlich von der Interaktivität bestimmt, die es den Nutzern erlaubt, untereinander Beziehungen aufzunehmen, ohne daß eine verkehrsregelnde Autorität intervenieren würde. Im Netz wird Information horizontal übertragen: Alle sind gleichzeitig potentielle Sender und Empfänger. Natürlich wird dieses Prinzip dadurch abgeschwächt, daß sich Vermittler des Systems bemächtigen: Online-Dienste (ob große oder kleine), die nicht nur die verfügbaren Inhalte zu kontrollieren versuchen, sondern auch die Server, die den Zugang erst ermöglichen; Betreiber von Suchmaschinen, die einen gewissen Erfolg beim Surfen erst garantieren. Aber die Basis bleibt immer diese große Autonomie, die unseren Glauben nährt, daß wir dabei sind, die Grenzen unserer Freiheit auszudehnen.

Viele Soziologen und Historiker haben den digitalen Wandel bereits als bedeutender eingeordnet als die industrielle Revolution im 19. Jahrhundert. Sie prophezeihen, daß er die sozialen Gewohnheiten sogar noch stärker verändern wird. Tatsächlich betrifft er genau jenes Gebiet – das der Freiheit, des selbstbestimmten Bewußtseins –, auf das sich im Laufe der Geschichte die revolutionären Hoffnungen gerichtet haben. Die Erfahrung lehrt, daß es die jeweiligen Protagonisten oft genug selbst zerstören. Chateaubriand hat das ganz unverblümt zum Ausdruck gebracht: »Eine Revolution ist wie ein Jubeljahr. Sie spricht von Verbrechen frei, nur um gleichzeitig noch größere zu erlauben.« Die industrielle Revolution bedeutete einen großen Fortschritt für die Menschheit. Daraus entwickelte sich der moderne Kapitalismus, dem wir zweifelsohne Errungenschaften in der Folgezeit, aber auch das Auftauchen des Proletariats zu verdanken haben. Das gesamte 20. Jahrhundert ist die Folge dieser sozialen Neuerungen, die uns zusammen mit dem technischen Fortschritt und der beginnenden Globalisierung der Politik schließlich den blutigsten und allumfassendsten Krieg bescherten, den die Welt bislang erlebt hat. Demnach sollte man sich tunlichst bei solchen Vergleichen in Zurückhaltung üben.

Das Maschinenzeitalter brachte den Individuen dennoch eine große Fülle persönlicher Freiheiten und Entwicklungsmöglichkeiten, die sich bis dahin kaum jemand erträumt hatte. Die Freiheit, verstanden als Möglichkeit der Wahl, ist auch der große Köder der modernen Netze. Angesichts der Fülle an Informationen und Angeboten jeglicher Art heißt es, daß der Nutzer unter einer Vielzahl an Alternativen auswählen könne. Wählen ist selbstverständlich ein Willensakt, der voraussetzt, daß man ihn frei ausüben kann. Dennoch ist das Postulat, daß unser Wille desto freier sei, je zahlreicher die Möglichkeiten sind, nicht so ganz stimmig. Der Akt des Wählens bedeutet gleichzeitig auch einen Verzicht. Die Wahl eines Guts, einer Person oder einer Idee impliziert, daß man viele andere aktiv oder passiv zurückweisen muß. Er ist nicht immer ein Augenblick des Glücks, und zuweilen ist er mit nicht geringen Ängsten verbunden. Deshalb sind Menschen in ihrem Wahlverhalten, genauso wie bei ihrer Willensentscheidung, weiterhin zurückhaltend. Wenn im informellen Chaos der Infobahnen kein Verkehrskodex erstellt und keine Autorität bestimmt wird, die für seine Einhaltung sorgt, dann kann sich die Desorientierung der Nutzer bis hin zu einem Paroxysmus steigern. Geht man aber den umgekehrten Weg, dann werden viele darin erneut das Gespenst der Zensur und eine Abkehr von der Verteidigung der absoluten Freiheit für die Cybernauten erblicken.

Die moderne Gesellschaft setzt sich aus Individuen zusammen, die tagtäglich ihre Entscheidungsfreiheit ausüben müssen. Angefangen bei rein beruflichen oder familiären Themen über die Farbe einer Krawatte oder eines Rocks ist unser Alltagsgeschäft eine Kette von nicht immer angenehmen Entscheidungen, die oft eine unbequeme Wahl erfordern. Wenn man nach einem langen Arbeitstag und mehr als einer Stunde im Zug oder Straßenverkehr nach Hause kommt, kann man am allerwenigsten die Frage gebrauchen, ob man lieber Fisch oder Fleisch zum Abendessen hätte. In der pluralen Welt, in der wir nun einmal leben, ist es nur folgerichtig, daß die Tendenz, andere für uns wählen zu lassen, viel stärker zunimmt, als wir uns das eigentlich gedacht hatten. Der Schwindel, der einen Kunden beim Anblick eines großen Supermarktregals ergreifen kann, sollte uns Warnung genug sein: Ein Überangebot verhindert manchmal, daß man die Möglichkeit zu wählen angemessen wahrnimmt.

Deshalb ist die Frage durchaus angebracht, ob denn die Informationsfülle tatsächlich und notwendigerweise zu einer Verbesserung unseres Lebensstandards führen muß. Mehr Information bedeutet oftmals nur größere Konfusion. Ein Überangebot an Daten, die uns oft ungeordnet, willkürlich oder zufällig erreichen – wie das bei einer Suchaktion im Netz so oft der Fall ist –, kann uns am Ende in eine Lage versetzen, die noch unübersichtlicher ist als die derzeitige und in ein starkes Gefühl der Unsicherheit mündet. Dies zeigt sehr schön auch Donald N. Michel: »Mehr Information kann mehr Kontrolle erzeugen, aber ebenso auch Umstände schaffen, in denen nur noch eine schwache oder gar keine Kontrolle mehr möglich ist.«[18] Einer dieser Umstände – wenn auch nicht der einzige – ist die Unmöglichkeit, die Glaubwürdigkeit von Quellen oder den strengen Wahrheitsgehalt der uns angebotenen Daten nachzuprüfen. Die Schwemme an zumeist anonymen, sich häufig wiederholenden und unzuverlässigen Meldungen, welche uns über das Netz erreichen, läßt uns oft genug argwöhnen, daß die Botschaften keinerlei Wahrheitsgehalt besitzen. Aus diesem Grund haben diejenigen, die über einen Titel oder eine etablierte Marke verfügen, welche bereits auf dem traditionellen Markt einen gewissen Wiedererkennungswert besitzt, eine gute Ausgangspostion, wenn der Wettbewerb im Cyberspace so richtig losgeht. Dies gilt genauso für Veröffentlichungen wie für Universitäten und Forschungsstätten.

Satelliten für eine globale Realität

Die globale Gesellschaft existiert nicht nur deshalb, weil es das Internet gibt, und sie ist auch nicht die Folge der Highways, die Al Gore erdacht und angeregt hat. Wir leben bereits seit Jahrzehnten – vermutlich seit das Phänomen Fernsehen in den siebziger Jahren zur Blüte gelangte – inmitten einer Mediengesellschaft, in der die Bedeutung und der Einfluß der Informationssysteme schwindelerregende Ausmaße angenommen hat. Das Phänomen verdankt sich vor allem der Stoßkraft, die von der audiovisuellen Welt ausgeht, aber wir haben mittlerweile genug Erfahrung gesammelt, um zu wissen, daß dies nicht zwangsläufig das Ende der anderen Medien bedeutet. Ganz im Gegenteil: Trotz aller Schwierigkeiten erleben Buch und Radio ein Goldenes Zeitalter, und die Printmedien widerstehen kraftvoll – trotz all der Schwierigkeiten, denen sie sich ausgesetzt sehen – dem Ansturm der elektronischen Konkurrenz. Ich habe stets die These vertreten, daß die Kommunikationsmedien einander ergänzen und harmonisch nebeneinander existieren können, falls es ihnen gelingt, sich an die neuen Zeiten anzupassen – geleitet von der Erkenntnis, daß sie nicht mehr allein operieren können. Die Entwicklungen der letzten Jahre bestätigen dies.

Seit Jahrzehnten wird im politischen und kulturellen Leben um das Überangebot an Informationen viel Wirbel gemacht. Die *New York Times*, die von Journalisten aus aller Welt als beispielhaft und paradigmatisch dafür erachtet wird, wie eine Tageszeitung auszusehen habe, bringt seit ihrer Gründung auf der ersten Seite eine inzwischen berühmte Sentenz, die zu ihrem Wahrzeichen geworden ist: *»All The News That's Fit To Print«*. Mit einer Arroganz sondergleichen – und darin stehen ihr die anderen sogenannten Referenzblätter in nichts nach – will uns das sagen, daß man alles, was dort nicht gedruckt ist, auch nicht zu wissen braucht. Alle großen Verlagshäuser haben die Neigung, davon auszugehen, daß Neuigkeiten erst dann stattgefunden haben, wenn sie in einer ihrer Tageszeitungen standen. Dies freilich ist eine reichlich antiquierte Betrachtungsweise. Denn es ist keinesfalls mehr so, daß Neuigkeiten nicht existieren, wenn sie nicht veröffentlicht sind, sondern wir haben bereits das Stadium erreicht, daß sie oftmals bloß deshalb existieren, *damit* man sie veröffentlichen kann. Genau das haben wir doch bei den Studentenunruhen und den Krawallen gegen den Vietnamkrieg Ende der sechziger Jahre gelernt: Daß Demonstrationen nur in dem Moment zum Ereignis wurden, als die Fernsehkameras anrückten, ja, für diese überhaupt nur inszeniert wurden. Selbst wenn man die Meinung vertritt, daß in all dem ein gewisser Zynismus lag, der die Aufwiegler in ihrem Verhalten und in ihren Gefühlen viel mehr verwirrte als die Reporter, so wird man doch zugeben müssen, daß die anprangernde Haltung vieler Politiker noch viel zynischer war. Schon seit vielen Jahren halten Volksvertreter auf Bundes- oder Kommunalebene ihre Reden vor den jeweiligen Parlamenten einzig und allein deshalb, damit man sie in der Lokalzeitung ihres Wahlkreises veröffentlicht. Kurz gesagt: Sie halten sie, um sagen zu können, daß sie gehalten wurden. *That's the way the story goes.*

Der Durchschnittsbürger einer fortschrittlichen Gesellschaft lebt bereits seit einiger Zeit in einem Kosmos, in dem eine so riesige Menge an Informationen und Kommentaren auf ihn einstürzt, daß es wohl keines Internets mehr bedurft hätte, um zu erkennen, zu welcher Verwirrung dies führen kann. Die Netze aber steigern die mythische Vorstellung, daß wir besser informiert sind, weil wir Zugang zu einer größeren Anzahl an Nachrichten haben, aufs Äußerste. Außerdem verschärfen sie bestimmte Risiken, unter denen eines herausragt: das Auftreten einer neuen Art von Fundamentalisten im Kampf für die Meinungsfreiheit, die wild entschlossen deren Grenzenlosigkeit beweisen wollen. Letztendlich bestätigen und bescheinigen sie in jedem Fall die Globalität des Phänomens. Damit sind wir beim dritten elementaren Wesenszug angelangt, der sich bereits aus einer oberflächlichen Analyse ergibt. Erneut stellt er keine alleinige Folge der digitalen Welt dar, wenngleich diese seinen Antrieb beschleunigt.

Die globale Informationsgesellschaft nahm konzeptuell in jenem Moment Gestalt an, als Satelliten entwickelt wurden, die es erlaubten, die Verteilersysteme von Fernsehsignalen sowohl zeitlich wie räumlich einander anzunähern. Ab diesem Zeitpunkt konnten wir mithilfe von Parabolantennen nicht nur Hunderte von Fernsehkanälen aus aller Welt empfangen, sondern auch die neuen Technologien dazu nutzen, Tageszeitungen in Zentren drucken zu lassen, die weit entfernt von ihrem eigentlichen Redaktionsstandort lagen. Dadurch konnte beispielsweise das *Wall Street Journal* zur auflagenstärksten Zeitung der Vereinigten Staaten avancieren oder die *International Herald Tribune* stürmisch ihr Ziel in Angriff nehmen, eine »globale Tageszeitung« zu werden, anstatt sich wie zuvor damit zu begnügen, die Pariser Ausgabe eines Kompendiums aus *New York Times* und *Washington Post* zu sein.

So sind die Kommunikationssatelliten – die unter anderem die Netze miteinander verbinden – in Wahrheit verantwortlich dafür, daß die Welt sich atemberaubend schnell in jenes globale Dorf verwandelt hat, von dem McLuhan so euphorisch sprach. Mit ihrer Hilfe konnte ein Visionär wie Ted Turner schneller als alle anderen den weltweit operierenden Nachrichtensender CNN aufbauen, und dank der kleinen Parabolantennen für den Hausgebrauch erwachte das chinesische Volk allmählich aus seiner Lethargie, in die es angesichts der Diktatur verfallen war, und entschloß sich zum mutigen, wenn auch nur vorübergehenden Aufstand auf dem Platz des himmlischen Friedens. Die Studenten, die den Panzern mutig die Stirn boten, wußten, daß diese Bilder live in alle Welt übertragen wurden. Oder sagen wir: in fast alle Welt; denn die Machthaber in abgeschotteten Gesellschaften wie dem Iran hatten rechtzeitig die Wichtigkeit des Phänomens begriffen und die Installation von Parabolantennen in Privathaushalten verboten.

Die Globalisierung des kommunikativen Handelns ist in diesem ganzen Prozeß definiv das bemerkenswerteste und folgenschwerste Moment. Grenzen und Zöllner können die Bits nicht untersuchen oder stoppen, die von einem Land ins andere verschickt werden. Es verschwinden nicht nur Hierarchien kulturellen, sozialen oder sonstigen Typs, sondern andere Empfindungsweisen treten an ihre Stelle. Eine gemeinsame Kultur, Sprache und ein kollektives Bewußtsein verbindet Individuen, die enorm weit voneinander entfernt leben, die sich nicht einmal kennen und deren Erfahrungen, Lebensläufe und Sorgen sich allein und vermutlich ausnahmslos im Netz verknüpfen lassen. Manche Experten weisen darauf hin, daß diese Universalität paradoxer- und erfreulicherweise ein Anwachsen von Regionalismen begünstige, die im Schoße eines solchen Systems gedeihen. Es ist hier nicht der richtige Ort, um diese Frage genauer zu analysieren. Ohnehin sollten wir uns nicht mit Trostpreisen benügen, wenn es doch darum geht, folgende unumstößliche Tatsache zu akzeptieren: daß diejenigen, die in einer globalen Informationsgesellschaft Herren über die Inhalte sind, letztendlich einem Markt, der von vornherein ohne den Schutz von Grenzen auskommen muß, ihre Gesetze aufzwingen werden. Dies hat Hollywood nur allzu deutlich gemacht. Interaktivität, Chaos und Globalität bilden die paradigmatischen Merkmale der modernen Informationsgesellschaft. Daneben erweist sich die Fähigkeit zu wählen als grundlegend für die Ausübung der Freiheit seitens der Nutzer. So gesehen erlangen die Eigenschaften des Systems den Stellenwert eines echten Mythos. Die dadurch vermittelten Lektionen und die davon angeregten Nachahmungen werden nicht nur auf der Makroebene der gesellschaftlichen Organisation, sondern auch im Verhalten der Einzelnen und im familiären Umfeld der Bürger unvermeidlich Folgen zeitigen. Die sozialen Paradigmen, die sie verkörpern, und die Verhaltensmodelle, die sie nahelegen, werden letztendlich das traditionelle Wertesystem verändern. Und nur dann, wenn dies auf positive und kohärente Weise geschieht, können wir wirklich behaupten, daß wir dank der neuen Technologien humaner geworden sind.

Die hypnotisierte Gesellschaft

Vor dem digitalen Zeitalter waren es die Medien der Massenkommunikation, die eine substantielle Veränderung der menschlichen Gewohnheiten und Verhaltensweisen bewirkten. Das Telefon brach zwar die Privatsphäre auf, führte dann aber paradoxerweise auf eine sehr angenehme Art zu ihrer weiteren Ausdehnung. Man stelle sich nur einmal vor, was in unserem Jahrhundert aus all den schönen Romanzen geworden wäre, wenn die jungen Leute nicht über diesen Apparat hätten miteinander sprechen können. Das Fernsehen veränderte auf unglaubliche Weise das familiäre Zusammenleben. Das Fax schien das Ende der Post einzuläuten, deren Geheimnis es verletzte und deren Rhythmus es herausforderte. Das Überangebot an Medien und ihre verschiedenen Trägertechniken zwangen uns, unsere nutzbare Zeit sowohl zuhause als auch am Arbeitsplatz anders zu verteilen. Die Freizeitbedürfnisse veränderten sich. Grundsätzlich verlagerte sich der gesamte Kommunikationsbereich in die eigenen vier Wände. Es entstanden neue Beziehungen zwischen den Nutzern und ihren Medien oder Repräsentanten. Die Sozialmodelle wurden ausgetauscht, und manche Werte, die gerade hoch im Kurs standen, wurden wieder über den Haufen geworfen, nur um anderen Platz zu machen, die ihre mangelnde Verwurzelung in einer Tradition durch die enorme Kraft der Werbung wettmachten. Angesichts all dessen wird es niemanden ernsthaft verwundern, welche durchschlagende Wirkung der Gebrauch neuer Technologien auf das Verhalten im sozialen wie im privaten Bereich hat.

Auch wenn der berühmte Satz: »Es gibt Lügen, große Lügen und Statistiken« durchaus Gültigkeit besitzen mag, sollte man dennoch darauf verweisen, daß die Bürger in den industrialisierten Ländern laut solcher Statistiken in den letzten Jahrzehnten immer mehr Zeit mit den Kommunikationsmitteln zubringen, und zwar auf Kosten anderer Aktivitäten. Die Zeit ist jedoch für uns Menschen weiterhin ein knappes Gut. Von ihrer richtigen Verwaltung – und das muß nicht bedeuten, daß man alles übertrieben planen muß – hängt unsere Zufriedenheit in hohem Maße ab. In den Industrieländern variiert die Zahl der täglich vor dem Fernseher verbrachten Stunden zwischen drei und fünf. Das bedeutet in jedem Fall einen prozentual hohen Anteil des Tages und fällt im allgemeinen mit der Essenszeit oder der Zeit unmittelbar im Anschluß daran zusammen. Wir können davon ausgehen, daß zwischen acht und elf Uhr abends, ganz unabhängig von der Qualität des Programms, wohl mehr als ein Drittel der Bevölkerung vor dem Fernseher hockt. In der ganzen Menschheitsgeschichte hat es noch nie ein Phänomen gegeben, das aus sich heraus die Gewohnheiten und Lebensweisen so vieler Menschen gleichzeitig konditioniert hat. Elektrizitätsgesellschaften fanden vor vielen Jahren heraus, daß das Ende der *prime time*[19] im Fernsehen gleichbedeutend ist mit einem starken Abfall in der Kurve des Energieverbrauchs, weil dann nicht nur der Fernseher abgestellt wird, sondern alle Lichter im Haus gelöscht werden und die Leute zu Bett gehen. Die Wasserversorgungsgesellschaften lernten ihrerseits, daß dies auch der Moment eines extrem hohen Wasserbedarfs ist, welcher dem allabendlichen Reinigungsritual von Millionen geschuldet ist.

Allerdings ist es einer der unbestreitbaren Vorteile des Fernsehens (und in noch stärkerem Maße des Radios), daß man nebenher andere Angelegenheiten erledigen kann, vor allem dann, wenn diese keine besondere Aufmerksamkeit erfordern. Wegen dieser Mehrfachaktivitäten wäre es unredlich, von den vierundzwanzig Stunden eines Tages einfach nur die Zeit abzuziehen, welche die Leute angeblich den Medien widmen. Doch besteht kein Zweifel an der Tatsache, daß die Medien immer mehr Zeit verschlingen. Im Falle des Internets benötigen die Kapitäne des Cyberspace (wie die der Ozeane auch) Zeit, um in die riesigen, manchmal stürmischen und nicht immer sauberen Gewässer des WWW einzudringen. Mögen die Server noch so schnell, die Netze noch so modern und die neuen Argonauten des digitalen Universums noch so kundig sein: Die Datensuche und vor allem der interaktive Dialog zwischen Usern erfordern gegenwärtig unermeßlich viel Zeit, über die wir normalerweise nicht verfügen. Dies erklärt auch, warum die allermeisten Nutzer nach wie vor Jugendliche sind; es sind aber auch Hausfrauen darunter, Arbeitslose, Personen, die in ihrem Umfeld keinerlei Entscheidungsbefugnisse innehaben; Menschen, die sich im Leben eher durch Dilettantismus auszeichnen und deren Verhaltensmuster oftmals recht unstrukturiert oder gerade zu stark in gültigen Normen und Vorschriften verankert sind.

Es gibt Stimmen, die besagen, Surfen im Internet sei die Lösung eines nicht-existenten Problems. Dies mag sogar stimmen; dennoch wirft es wichtige neue Fragen auf, beispielsweise solche, die unsere mögliche Zeiteinteilung betreffen. Es geht darum, festzulegen, wieviel Stunden wir vor einem Bildschirm, ob nun vor dem des Fernsehers oder dem des Computers, zu verweilen bereit sind.[20] Auch wenn sich die bösen Vorahnungen aus Ray Bradburys Roman *Fahrenheit 451* – hinsichtlich des Verschwindens des Buches im Schatten einer audiovisuellen Diktatur – bislang nicht erfüllt haben, wird man doch zugeben müssen, daß sich die Herrschaft des Bildschirms in seinen verschiedenen Spielarten längst etabliert hat. Die vernetzte

Gesellschaft hängt an einem Draht bzw. einer Parabolantenne, aber immer öfter ist der Bildschirm das einzig
sichtbare Zwischenglied.

Die neuen Anwendungsmöglichkeiten des digitalen Fernsehens und der besessene Eifer, ein einziges audiovisuelles Endgerät durchzusetzen, haben außerdem dazu geführt, daß diese Geräte nicht nur über unsere Zeit, sondern auch über unseren häuslichen Raum bestimmen. So
gibt es immer mehr Wohnungen, in denen ein ganzes
Zimmer ausschließlich für diesen Zweck eingerichtet ist.
Solange die finanziellen und räumlichen Möglichkeiten
einer Familie beschränkt sind, behilft man sich dahingehend, das einstige Wohnzimmer durch einen solchen TV-
Raum zu ersetzen. Der Fernsehbildschirm nimmt dabei
die Funktion eines Totems ein und stellt im Familientem-
pel wahrhaftig den Hochaltar dar, vor dem sich die Familienmitglieder als Opfer von Kommunikationsmangel und
Aneinandervorbeileben selbst darbringen. In den restli-
chen Zimmern, ob nun Schlafzimmer, Büro oder Küche,
tragen andere Bildschirme in zumeist geringerer Größe
dazu bei, den jeweiligen Wohnräumen den Charakter von
Seitenkapellen zur Anbetung der neuen audiovisuellen
und kybernetischen Religion zu verleihen.

Vielleicht sollte man an diese Intimitätsbereiche denken,
wenn man die Verschmelzung von Fernseher und Computer eilfertig vorantreibt. Gar nicht auszudenken, was
wäre, wenn sich die ganze Familie der Zwangslage beugen
müßte, den Spätfilm nicht sehen zu können, weil eines
ihrer Mitglieder ins Netz gehen möchte. In den eigenen
vier Wänden hingegen genießt jeder das Privileg, den
Bildschirm nach seinem Gusto zu gebrauchen, ohne daß
es auch nur im mindesten notwendig wäre, ihn gleich zu
duplizieren. Dies bringt uns zu dem Schluß, daß die neuen
Technologien hauptsächlich auf den Einzelnen und nicht

auf Gruppen abzielen. Das Mobiltelefon, der PC, die thematische Aufsplitterung der Fernsehkanäle, der Videofilm on demand, der Hi-Fi-Kopfhörer, der Walkman: allesamt Erfindungen, die dem Einzelnen geweiht sind. Sie erhöhen die persönliche Wahlmöglichkeit im Vergleich zum früheren Zwang, derlei Aktivitäten miteinander zu teilen.

Diese Erhebung des Individuums in den Stand des aktiven Subjekts im Gebrauch der neuen Technologien ist in einer Gesellschaft, die von liberalen Prinzipien geprägt ist, absolut folgerichtig, stößt aber frontal mit anderen Traditionen zusammen. In Schwarzafrika beispielsweise ist die Gemeinschaft auch weiterhin von höchster Bedeutung. Viele der Beschäftigungen, denen man im Westen alleine und isoliert nachgeht, übt man in afrikanischen Dörfern und Stadtvierteln gemeinschaftlich aus. Einige behaupten gar, daß dies zur Verbreitung eines kollektiven, und eben nicht personalen Gebrauchs von Computern beitragen wird, und suchen nach Wegen, die vermeiden sollen, daß sich die Rückständigkeit, unter der diese Weltregion leidet, noch weiter verfestigt. Hoffentlich sitzt man dabei nicht einer Selbsttäuschung auf, ist doch eines der Wesensmerkmale von Computern gerade ihr personaler Charakter (eben: *personal computer*).

Wie dem auch sei: Unser Leben wird immer stärker vom Bildschirm, ob groß oder klein, interaktiv oder nicht, bestimmt. Dies bedeutet nicht nur, daß wir im Einklang mit dem, was uns dort geboten wird, lernen und uns entsprechend verhalten, sondern auch, daß wir von klein auf wissen, daß es unsere Bestimmung ist, gesehen zu werden. Oder wie der spanische Dichter Antonio Machado es sagt: »Das Auge, das du siehst, ist nicht Auge, weil du es siehst, sondern weil es dich sieht.«[21] Unser gelegentlicher Voyeurismus wird bei weitem dadurch aufgewogen, daß wir zu einem Objekt degradiert werden, das es zu betrachten, auszuspionieren und zu beschreiben gilt. Diese Entwicklung kennt kaum Grenzen oder zumindest keine, die wir bislang einzuhalten gewohnt waren. Unsere Arbeit, unsere Freizeit, unsere Kreativität werden sich in Richtung Zurschaustellung und Spektakel entwickeln, so wie Religion und Politik es ja bereits vormachen. Die sozialen Rituale, die Höflichkeitsregeln, die für jede zwischenmenschliche Beziehung nötige »Liturgie« werden sich entsprechend dieser Parameter verändern, desgleichen unser persönliches Verhalten, die Art, wie wir uns der Bühnenmaschinerie nähern.

Das Auftauchen der Fernbedienung führte zu einer neuen Art und Weise, mit dem Fernsehen umzugehen, überall bekannt unter dem Namen Zapping. Sie läutete das Ende eines passiven Umgangs mit dem Fernsehen ein und war der Beginn einer gewissen Interaktivität. Zwar können wir über sie kein Gespräch mit den Programmverantwortlichen aufnehmen, aber sie erlaubt uns zumindest, unter der Bandbreite all dessen, was man uns anbietet, auszuwählen. Ich denke, dies ist ein gutes Beispiel für das unangenehme Gefühl, das einen beschleichen mag, wenn man die Fähigkeit der Menschen zur Wahl unnötig auf die Probe stellt. Denn das Zapping, das im übrigen die Agenturen vor ernsthafte Probleme stellt, weil es in den Werbepausen besonders eifrig betrieben wird, ist zu einer echten Krankheit geworden, die eine psychologische, wenn nicht gar psychiatrische Behandlung nötig machen kann. Allem Anschein nach befällt sie eher Männer als Frauen, zersplittert die Realitätswahrnehmung und zerstört jede bekannte Lernmethode. Trotz all ihrer negativen Seiten ist jedoch niemand dazu bereit, auf die Fernbedienung zu verzichten, geschweige denn die damit verbundene Illusion aufzugeben, simultan die verschiedenen Facetten (oder Kanäle) der Fernsehrealität zu erfassen. Dabei bedürfte es doch des Blicks eines Picasso, um aus der kubistischen Dekomposition etwas abzuleiten, was auch nur minimal kohärent wäre.

Das Zapping ist nur ein erstes Symptom für den immer persönlicheren Umgang der Nutzer mit den Kommunikationsmedien. Professor Martín Serrano[22] versichert, daß die Anzahl der Menschen, die meinen, daß diese Geräte »ihnen Gesellschaft leisten«, kontinuierlich zunimmt. »Wir stehen erst am Anfang einer Entwicklung, die anscheinend dahin geht, daß Informationen unter Bedingungen physischer und emotionaler Isolierung verarbeitet und konsumiert werden.« Der Erfolg einiger nächtlicher Radioprogramme, die durch einen vertraulichen und privaten Ton Millionen Zuhörer in ihren Bann ziehen, zeigt beispielhaft, bis zu welchem Grad die Kommunikationsmedien eine Ersatzfunktion für zwischenmenschliche Nähe übernehmen können. Die gewohnheitsmäßigen Regeln erfahren gleichsam *en passant* eine vollkommene Umwälzung. Im gleichen Maße, wie man verbissen darum kämpft, die Privatsphäre zu schützen, wird hier die Intimität zum leuchtenden Polarstern. Es werden die intimsten Geheimnisse über Sex, Drogen oder Familienbeziehungen ins Rampenlicht gerückt, und das mit einer Ungezwungenheit und Dramatik, die anderen Motivlagen gut zu Gesicht stünde.

Um das eigentümliche Band, das Individuum und Bildschirm miteinander verknüpft, zu erklären, gibt es aber auch ein rein technisches Argument. Im Gegensatz zu der klassischen Projektionstechnik beim Film, bei der das Licht seine Quelle im Rücken des Zuschauers hat, sendet ein Computer- oder Fernsehbildschirm helle Strahlen ab, die sich auf der Netzhaut des Betrachters brechen. Dies erzeugt einen wahrhaft hypnotischen Effekt. Der Cybernaut unserer Tage ist nicht nur ein Navigator im virtuellen Raum, er ist vor allem auch ein einsamer Wanderer, selbst wenn er sich dessen vielleicht nicht bewußt ist. Seine Fähigkeit, in diesem globalen Universum, das er durchwandelt, mit anderen in Verbindung zu treten, führt zu einer Art Selbstvergessenheit, einem Sich-Verschließen gegenüber der nächsten Umgebung. Manche träumen davon, daß ihre Netzbekanntschaft ein Lehrer sein könnte, ein erhabener Professor oder dessen Repräsentation im elektronischen System. Vielleicht ist dies eine Selbsttäuschung; denn nur allzu häufig bleibt der Cyberschüler ein einsamer Autodidakt. Die Realität, mit der er operiert, ist eine virtuelle und vielmals ausschließlich Frucht seiner eigenen Imagination bzw. der von anderen. Er selbst erschafft sie aufgrund der Glaubwürdigkeit, die er dem Bildschirm verleiht, an den er sich gefesselt sieht und von dem er abhängig ist. Und dies nicht nur deshalb, weil der Bildschirm ihm Gesellschaft leistet, sondern auch Lust sowie die Möglichkeit verschafft, sich in der multiplizierten Einsamkeit des virtuellen Universums selber neu zu erfinden.

Die Philosophen mögen sich weiterhin an jener platonischen Idee einer Welt aus Licht und Schatten weiden, einer Welt, die erst durch die Computer zur Herrschaft gelangt ist. Die Psychologen aber wissen längst, daß wir uns hier auf einem Gebiet bewegen, das zuweilen dem der Drogenabhängigkeit durchaus ähnelt. Der Bildschirm macht abhängig. Es ist nicht nur das Licht, das auf die Augen fällt, was diesen hypnotischen Effekt erzeugt. Derrick de Kerckhove, der Direktor des McLuhan-Programms an der Universität von Toronto, geht in seinen Überlegungen noch weiter: »Jede Bewegung auf dem Bildschirm zieht automatisch unsere Aufmerksamkeit auf sich, genau so, als ob uns jemand berühren würde. Unsere Augen werden vom Bildschirm angezogen wie Eisen von einem Magneten […] unser neuromuskuläres System verfolgt permanent die Videobilder […]. Das geschieht unfreiwillig und verdankt sich unserer vorsintflutlichen biologischen Programmierung. Das autonome Nervensystem der höheren Säugetiere ist darauf getrimmt, auf jede wahrnehmbare Veränderung der Umgebung zu reagieren, weil das für ein Überleben wichtig sein könnte.«[23] Kerckhove erklärt, daß gerade das physische Verhalten unseres Körpers, seine Reaktion auf die elektrischen Impulse, die der Bildschirm abgibt, Grundlage für diese Abhängigkeit ist, weshalb die Inhalte eine eher nebensächliche Rolle spielen.

Gefangen in der Dunkelheit seines kleinen häuslichen Ghettos, kann sich ein gewohnheitsmäßiger Cybernaut stundenlang der Illusion hingeben, daß sein Freundeskreis, seine Vorlieben, seine Interessen, seine Manien, das, was er liebt, und das, was er haßt, irgendwie in dieser neuen Art von Kristallkugel eingeschlossen seien, welche ihn mit der Macht zu strafen ausstattet, so daß er bei einer unbequemen oder mißliebigen Anwort ganz einfach den »Ort« wechseln oder ausschalten kann. Kann er? Unzählige Untersuchungen deuten darauf hin, daß dem nicht immer so ist und daß seine Haltung eher die eines Heroinsüchtigen ist, der ständig versichert, er könne aufhören, wann immer er wolle. Was aber nie geschieht.

Die Abhängigkeit der einen schafft die Einsamkeit der anderen. Im Netz stößt man häufig auf Anzeigen von Gruppen, die sich darum kümmern, den Familienangehörigen dieser Cyberspacesüchtigen beizustehen. Laut Umfragen sind das bis zu zehn Prozent der Nutzer. Es existiert sogar eine Art Klub der Cyberwitwen – für Frauen, die sich effektiv verlassen fühlen, weil sich für ihre Ehemänner das Spielen am Computer zu einer Obsession ausgeweitet hat, und die nicht einmal mehr nach draußen telefonieren können, weil die Leitung durch die Verbindung zum Netz permanent besetzt ist.

Noch sträuben sich die Wissenschaftler dagegen, die Cybersucht in den Katalog der klinischen Pathologien aufzunehmen, wie sie es seinerzeit mit dem Alkoholismus taten. Aber in vielen Gesundheitszentren schenkt man dem speziell für Internauten typischen Abweichen von der Verhaltensnorm bereits verstärkt Aufmerksamkeit. Ab dem Tag, an dem das Netz mit dem Fernsehbildschirm zuhause verbunden ist, wird auch diese Bedrohung zunehmen, denn dann werden noch mehr Menschen seinem Einfluß ausgesetzt sein.

Der Gefangene in der Höhle

Im siebten Buch von *Der Staat* erzählt Platon das berühmte Höhlengleichnis. Ein paar Gefangene leben seit ihrer Kindheit eingeschlossen in einer Höhle. Sie sind festgebunden, und ihre Fesseln zwingen sie, immer nach vorne zu schauen. Dann heißt es weiter:»Licht erhalten sie von einem Feuer, das hinter ihnen weit oben in der Ferne brennt. Zwischen dem Feuer und den Gefesselten aber führt oben ein Weg hin; dem entlang denke dir eine kleine Mauer errichtet, wie die Schranken, die die Gaukler vor den Zuschauern aufbauen und über die hinweg sie ihre Kunststücke zeigen. ›Ich sehe sie vor mir‹, sagte er. Stelle dir nun längs der kleinen Mauer Menschen vor, die allerhand Geräte vorübertragen, so, daß diese über die Mauer hinausragen, Statuen von Menschen und anderen Lebewesen aus Stein und aus Holz und in mannigfacher Ausführung. Wie natürlich, redet ein Teil dieser Träger, ein anderer schweigt still. ›Ein seltsames Bild führst du da vor, und seltsame Gefesselte‹, sagte er. Sie sind uns ähnlich, erwiderte ich. Denn erstens: glaubst du, diese Menschen hätten von sich selbst etwas anderes zu sehen bekommen als die Schatten, die das Feuer auf die ihnen gegenüberliegende Seite der Höhle wirft? ›Wie sollten sie?‹, sagte er, ›wenn sie zeitlebens gezwungen sind, den Kopf unbeweglich zu halten?‹ Was sehen sie aber von den Dingen, die vorübergetragen werden? Doch eben dasselbe? ›Zweifellos.‹ Wenn sie nun miteinander reden könnten, glaubst du nicht, sie würden das als das Seiende bezeichnen, was sie sehen? ›Notwendig.‹ Und wenn das Gefängnis von der gegenüberliegenden Wand her auch ein Echo hätte und wenn dann einer der Vorübergehenden spräche – glaubst du, sie würden etwas anderes für den Sprechenden halten als den vorüberziehenden Schatten? ›Nein, beim Zeus‹, sagte er.

Die Lehre, die Sokrates aus seinem Dialog mit Glaukon zieht, ist vernichtend: »Auf keinen Fall, fuhr ich fort, könnten solche Menschen irgend etwas anderes für das Wahre halten als die Schatten jener künstlichen Gegenstände.«[24]

Dies ist wahrscheinlich das berühmteste aller Gleichnisse, die die Philosophiegeschichte bevölkern. Es hat dem Platonismus seinen Namen gegeben, im Sinne eines idealistischen Gefühls jenseits der Realität. Seine Lehre lautet: Wir bewegen uns in einer Welt der Erscheinungen und Meinungen und sind von wirklicher Erkenntnis weit entfernt. Unter allen jemals erörterten Fragestellungen ist das Höhlengleichnis eine der komplexesten und mitreißendsten. Unzählige Autoren haben auf diese Metapher zurückgegriffen, um das Verhalten in einer audiovisuellen Gesellschaft zu analysieren: Fernsehzuschauer, die genauso passiv sind wie die platonischen Gefangenen, haben gar keine andere Wahl, als sich mit der Realität zufriedenzugeben, die ihnen das Fernsehen vorsetzt, diese Licht und Schatten werfende Kiste, die lediglich ein Abbild des echten Lebens projiziert. Dies war auch der Grund, warum die Internetbegeisterten die Navigation im Netz als eine Gefangenenbefreiung erlebten. Zwei Dinge werden dabei geltend gemacht. Erstens: Der Zuschauer, so argumentieren sie, ist nicht mehr nur passiv, sondern aktiv, ja mehr noch, interaktiv. Und zweitens: Im Netz haben wir es nicht ausschließlich mit einer Repräsentation oder mit einem Abglanz der Realität zu tun, sondern wir schaffen sie erst virtuell und transformieren sie. Dabei wird allerdings übersehen, daß im platonischen Gleichnis nicht nur Gefangene vorkommen, sondern auch Lastenträger, deren einzige Aufgabe es ist, erstere zu täuschen. Sehr wahrscheinlich sind in unserem Fall Täuschende und Getäuschte miteinander identisch. Überdies verhindert die Interaktivität des Netzes keineswegs eine passive, rezeptive, fast schon hypnotische Einstellung des Nutzers.

Die Bande, die den Cybernauten an seinen Computerbildschirm fesseln, sind trotz ihrer Unsichtbarkeit tausendmal stärker als die der Gefangenen aus dem Höhlengleichnis. Wenn man jemanden nicht von klein auf zu unterscheiden und verschiedene Stufen des Wissens einzunehmen lehrt, wird das Aufeinanderprallen von virtueller Realität und dem Umfeld, in dem er sich bewegt, zu den gleichen Identitätsproblemen führen, die auch den befreiten Gefangenen bei Platon befielen, als er nach seiner Rückkehr in die Höhle, geblendet vom Außenlicht, nicht mehr fähig war, die Schatten zu erkennen und so zu interpretieren wie seine Mitgefangenen, die diese Höhle niemals verlassen hatten.

All das gewinnt erst so richtig an Bedeutung, wenn wir uns klar machen, daß die Protagonisten der kybernetischen Revolution sehr jung sind. Millionär wird man heute mit dreißig und weise mit vierzig. Auch wenn es paradox erscheinen mag: Je mehr die Lebenserwartung steigt und je stärker die Älteren sich ihren jugendlichen Geist bewahren, desto geringer ist die soziale Anerkennung, auf die sie doch einst ein Anrecht besaßen. Die Alten von heute fahren Ski, reiten, gründen neue Familien, gehen noch einmal auf die Universität, sind aktive Menschen in allen Lebenslagen, was so weit führt, daß sie die Verhaltensweisen, die Mentalität und Eigenwahrnehmung als Alte über Bord werfen. Andererseits haben sie immer seltener die Gelegenheit, etwas für die Gemeinschaft zu tun: Sie gehen früher in Rente oder sehen sich frühzeitig vor die Situation gestellt, daß man ihren Arbeitsplatz für überflüssig erklärt. Dabei werden sie von einer neuen Generation hinweggespült, die aufgrund ihrer Kenntnisse der modernen Technologien obenauf schwimmt.

Unterdessen gehen Millionen von jungen Menschen, die immerhin kurz davor stehen, entscheidende Positionen einzunehmen, immer länger online und chatten stundenlang in Räumen, wo sie ihre Phantasien – vornehmlich sexueller Natur, versteht sich – ausleben können, oder aber sie vertiefen sich unter dem Vorwand, dabei etwas zu lernen, in Videospiele.

Viele fallen der Halluzination anheim, sie gehörten einem universellen Stamm an, während sie eigentlich einem Isolationssyndrom erliegen. Sie entfremden sich von ihren Verwandten, ihren Nachbarn und ihrer Familie, nur um sich ihren millionenfachen Freunden im Cyberspace in die Arme zu werfen. Die Maschine verleiht ihnen ein Machtgefühl, denn das System wurde von ihnen in gewissem Maße selbst geschaffen. Sie programmieren es, entdecken es, befragen es, und die Maschine spricht zu ihnen und heißt sie in einer anderen, imaginären Realität willkommen, deren grundsätzlicher Unterschied zur alltäglichen Welt darin besteht, daß dort keine Verantwortung eingefordert wird. Der Computer ist ihr elektronischer Freund und ihre elektronische Freundin; untereinander bestehen keine Geheimnisse, was dazu führt, daß ein starkes Gefühl von Identifikation entsteht. Die Versunkenheit in sich selbst kann, wenn Eltern sie nicht richtig einschätzen, zu schweren atmosphärischen Störungen im familiären Umfeld führen. Der Mangel an Anleitung beim Surfen durchs Netz, die Entdeckung einer Traumwelt, die fremd und vertraut zugleich ist, die Entwurzelung aus jeglicher nicht-virtueller Realität, die chaotische Art, wie Informationen entstehen, die dringende Notwendigkeit, sich den Improvisationen der Cyberwelt anzupassen – all dies sind die perfekten Zutaten für eine Identitätsstörung. Das Überangebot und die Geschwindigkeit, mit der es entsteht, wird eine noch größere Gier wecken als die, an die wir uns in den letzten Jahrzehnten bereits gewöhnen mußten. Die Anstrengung, die man zum Erreichen bestimmter Dinge aufbringen muß, die Vorstellung von Zeit als einem Sammeln von Erfahrungen – dies verträgt sich nicht mit dem Netz, in dem in jeder Sekunde Millionen von Bits bewegt werden.

Gibt es angesichts solcher Gefahren jemanden, der sich bereit erklärte, das Chaos zu verwalten?

3.

WER HAT HIER DAS SAGEN?

Die Regierung des Cyberspace

»Die Chinesen glauben, daß sie Bill Gates eher brauchen als Bill Clinton.« Zu diesem Schluß kommt der Journalist Thomas Friedman, der feststellte, daß der chinesische Staatschef Jiang Zemin ersteren weitaus öfter und herzlicher empfangen hat – wohlgemerkt, den Geschäftsführer eines Unternehmens und nicht den gewählten Führer des mächtigsten Landes der Erde. Dieser Umstand erfuhr später durch den Besuch des asiatischen Regenten im Herbst 1997 in Washington eine Korrektur. Die ursprüngliche Statistik bleibt aber aufschlußreich.

85 Prozent aller Computer werden mit Software von Microsoft betrieben, und Microsoft sorgt durch seinen Browser ebenso für den Zugang zu den Kommunikationsnetzen. Gegenwärtig ist es also nicht vorstellbar, daß sich die Informationsgesellschaft weiterentwickeln könnte, ohne daß Microsoft darauf Einfluß nähme. Das Unternehmen setzt jährlich etwa elf Milliarden Dollar um und dehnt seinen Einflußbereich bereits auf das Gebiet der Telekommunikation und die Produktion von Inhalten (einschließlich Unterhaltung) aus.

Microsoft ist ein weltweit operierendes Unternehmen mit einem doppelt so großen Marktanteil wie General Motors. Viele Regierungen und Großunternehmen erliegen dem

Charme des ewig jugendlichen Bill Gates und bitten ihn inständig darum, sich auch dort mit aller Macht niederzulassen, wo er bislang noch nicht präsent war. Folglich können wir in dieser Welt der interaktiven Netze, die angeblich keine Autorität kennt, bereits Rangordnungen ausmachen, die vielleicht sogar das Ausmaß derer übersteigen, die wir gewohnheitsmäßig akzeptiert haben. Denn im Netz gibt es in der Tat Hierarchien, auch wenn sie auf den ersten Blick nicht gleich als solche erkennbar sind. Es gibt Machtzentren, die ihren Einfluß ausüben und den Informationsfluß beherrschen. Natürlich manifestiert sich diese Macht auf eine andere Weise als die von Politikern und war vermutlich bislang von anderen Zielen geleitet. Es ist aber eine Macht, die langfristig – oder schon kurzfristig – deren typische Attribute annehmen wird.

Das Internet ist ein offenes Netz, aber keine Kooperative. Die Übertragungssysteme (Kabel und Satelliten), die Zugangssysteme (Server) und Navigationssysteme im Web haben sehr wohl Eigentümer, deren zunehmende Konvergenz mit der Verschmelzung von Technologien Hand in Hand geht. Bislang waren die Hersteller von Softwareprogrammen in diesem Prozeß federführend. Sowohl der Netscape Communicator als auch der Microsoft Explorer, die beiden beliebtesten und verbreitetsten Navigationswerkzeuge, sorgen immer wieder für Neuerungen, die dem Nutzer Orientierungshilfe geben und ihm seine Aufgabe erleichtern sollen.[25] Gleichzeitig erproben sie Allianzen mit Telekommunikationsunternehmen und den Content-Providern (Unterhaltung, Freizeit, Publikationen). All dies läßt uns ein Panorama entwerfen, bei dem die großen transnationalen Konzerne bereits in den Startlöchern sitzen und nur darauf warten, sich den Löwenanteil eines Marktes zu sichern, der definitiv keine Grenzen kennt. Gerade diese Dimension setzt einen unverzagten Unternehmergeist voraus, mit dem man den Herausforderungen begegnen kann.

Obwohl dieser Prozeß (in Europa, in den Vereinigten Staaten und vielen Teilen des Rests der Welt) von einer Liberalisierung des Telekommunikationsmarktes begleitet wird, ist jetzt schon absehbar, daß wir uns unaufhaltsam der Schaffung von Telefonmonopolen nähern, die noch monströser sind als die uns bekannten aus der Vergangenheit. Allianzen und Zusammenschlüsse mit dem Ziel, den neuen Markt zu erobern, sowie daran anknüpfende Vereinbarungen mit Firmen, die Inhalte zur Verfügung stellen oder auf Informatik spezialisiert sind, lassen schon jetzt eine beeindruckende Unternehmenskonzentration voraussagen. Das muß nicht bedeuten, daß alle Konkurrenz aus dem Feld geschlagen wird, sondern lediglich, daß es die Schwächsten erwischen wird, die nur dann überleben können, wenn sie sich mit lokalen und unbedeutenderen Märkten begnügen, auf denen sie oftmals als Agenten oder Vertragspartner der großen Firmen agieren. Innerhalb dieses Rahmens werden freilich kleine Firmen ein Goldenes Zeitalter erleben. Tausende kleiner Softwarefirmen werden überall wie Pilze aus dem Boden schießen, ohne daß hierfür größere Investitionen oder Personalrecruiting bzw. Firmensitze nötig wären, die über das Maß einer Hausgarage hinausgingen. Dennoch kann dieses anarchisch-idyllische Bild einer neuen Industrielandschaft, die bevölkert ist von jungen und wagemutigen Firmengenerälen ohne zu befehligendes Heer, nicht darüber hinwegtäuschen, welche Tendenzen all dem zugrunde liegen.

Es droht die Gefahr, daß die Schlüsselunternehmen auf diesem Sektor tatsächlich eine genuin weltweite Monopolstellung durchsetzen. Nichts anderes hat Microsoft bereits erreicht. Die Übereinkunft mit dem Fernsehsender

NBC über die Gründung eines Fernsehkanals und seines Pendants im Netz, der Kauf der Firma WebTV (Internetanschluß über das Fernsehgerät), der Einstieg beim Kabelfernsehanbieter Comcast und vor allem der Erwerb eines Aktienanteils von fünf Prozent bei Apple, dem ehemaligen Konkurrenten, verschaffen Microsoft eine absolut dominierende Marktposition. Die Standardisierung der Computersprache – eine der Grundvoraussetzungen dafür, daß jeder gleichberechtigt zum Netz Zugang erhalten kann – wurde in der Praxis von Designern und Wissenschaftlern bewerkstelligt, die auf Gates' Gehaltsliste stehen. Tatsächlich benutzen Chinesen, Araber, Russen, Japaner, Amerikaner oder Europäer im Netz ein und dasselbe Interface, allgemein bekannt unter dem handelsüblichen Namen Windows. Man kann darin durchaus eine wirkliche Sprache sehen, die allerdings nicht neutral ist, sondern das Ergebnis einer siegreich geführten Wirtschaftsschlacht. Daß sie eines Tages durch eine Alternative – und sei es Linux – ersetzt werden könnte, ist mehr als unwahrscheinlich, sobald wir uns erst einmal an ihren Gebrauch gewöhnt haben. Auch müssen wir dieses Idiom fortlaufend bezahlen, zumindest jedesmal, wenn Microsoft eine Verbesserung beim Navigationssystem oder beim Nutzerinterface auf den Markt bringt. Solchermaßen erscheint die Haltung der nordamerikanischen Regierung, die versucht, dem ungezügelten Wachstum dieses Unternehmens Einhalt zu gebieten, nur allzu verständlich. Man wirft Microsoft vor, ein weltweites Monopol zu errichten.[26] Ironischerweise macht die Schlacht zwischen dem Weißen Haus und der Firma aus Seattle nur allzu deutlich, daß in diesem sogenannten globalen Spiel fast ausschließlich die Amerikaner mitmischen.

Abgesang der Telekoms?

Die klassischen Telekommunikationsgesellschaften sind der Meinung, und das wahrscheinlich zurecht, daß ihr traditionelles Geschäft dem Untergang geweiht ist. Offensichtlich aber bestätigen die Statistiken diesen Eindruck gerade nicht. In einer im April 1997 veröffentlichten Liste[27] wird ausdrücklich hervorgehoben, daß auf dem gesamten Sektor die Unternehmen mit der größten Rentabilität die Telekommunikationsgesellschaften seien, und die am wenigsten rentabelsten oder sogar mit dem größten Verlust die Kabelnetzbetreiber. Nun sind es aber gerade letztere Unternehmen, mit denen die ersteren zu fusionieren versuchen, falls es ihnen nicht ohnehin gelingt, sie zu schlucken. Warum wollen die, die mehr verdienen, sich derer bemächtigen, die Verluste schreiben, und dabei ihre finanzielle Gesundheit aufs Spiel setzen? Die Führungskräfte der Telefongesellschaften erklären diesen Widersinn mit dem Argument, daß die telefonische Grundversorgung, auf der sie ihr Imperium errichtet haben – und zwar fast immer mithilfe von Regierungen und geschützten oder subventionierten Tarifen –, in Zukunft nicht mehr ihr Kerngeschäft sein wird. Im Cyberspace hat sich die Wertschöpfungskette verändert. Die Informationsinhalte und die Intelligenz der Netze sind die entscheidenden Elemente, die den Zugang zu einer großen Kundenschar garantieren, denen man dann die neue Dienstleistung im Gesamtpaket anbieten kann.

Die alten Telefongesellschaften haben sich häufig mit dem Problem herumzuschlagen, wohl oder übel eine Infrastruktur nutzen zu müssen, die auf Kupferleitungen basiert. Sie müssen darauf vertrauen, daß der Großteil der Nutzer kurz- oder mittelfristig keine so hohe Leistungsfähigkeit fordern wird, die den extrem kostspieligen Ausbau von Glasfaserkabelnetzen rechtfertigen würde. Diese Haltung – sofern sie andauert – wird es neuen Anbietern erlauben, in bestimmte Marktlücken vorzustoßen, was einem lebendigen Wettbewerb nur dienlich sein kann. Einige Unternehmen wie die europäische SES, die Eigentümerin von Astra[28], oder die nordamerikanische Hughes Electronics haben bereits damit begonnen, Multimedia per Satellit anzubieten. Diese Unternehmen müssen sich nicht mit Altlasten herumplagen und dabei so tun, als könne man fast hundert Jahre alte Netze weiterhin rentabel betreiben, wo doch deren Flexibilität und Funktionstüchtigkeit den Ansprüchen der neuen Technologien in keinster Weise genügen und sie außerdem für den in den vergangenen Jahren enorm angewachsenen Datenverkehr viel zu klein geworden sind.

Jeder Netzsurfer weiß, welche Schwierigkeiten diese Situation bereiten kann. Manchmal erhält man zu bestimmten Sites gar keinen Zugang oder die Informationsübertragung ist quälend langsam, und all dies wird sich noch verschlimmern, wenn man auf das unaufhaltsame Anwachsen der Internautengemeinde nicht mit einer adäquaten technischen Modernisierung reagiert. In den Vereinigten Staaten geriet die telefonische Versorgung in einigen Städten bereits an den Rand eines Kollaps. Pacific Telesis gab im Frühjahr 1997 bekannt, daß im berühmten kalifornischen Silicon Valley zwanzig Prozent der Anrufe nicht durchgestellt werden konnten, weil das Netz aufgrund des Internetverkehrs überlastet war. Wenn alles so weiterläuft wie bisher, sind weitere Ausfälle praktisch vorprogrammiert.

In zwei Jahrzehnten werden die Telefongesellschaften ihre Ziele, ihre Unternehmenskultur und ihr Auftreten so stark verändert haben, daß sie kaum mehr etwas mit ihrer heutigen Struktur gemein haben. Die ursprünglich für das

Ende des Jahrhunderts vorgesehene endgültige Auflösung und damit verbundene Privatisierung der Monopole in Europa, die von der Mehrheit der Regierungen vorangetrieben wird, stößt auf einige spezielle Hindernisse. Die neuen Anbieter können mit den bereits bestehenden gar nicht in Konkurrenz treten, ohne deren vorhandene Infrastrukturen zu nutzen. Und die öffentlichen Verwaltungen, die ein Auge auf die Tarife haben, müssen nun ihrerseits einer Kontrolle unterworfen werden, um die Transparenz des Marktes zu gewährleisten. Darüber hinaus kommen die alten Gesellschaften gar nicht umhin, Hunderte von Arbeitsplätzen abzubauen, von denen viele durch den technischen Fortschritt überflüssig geworden sind.

Das Telekommunikationswesen nimmt auf dem Arbeitssektor in der Europäischen Union den ersten Platz ein und beschäftigt heute ungefähr eine Million Menschen. Ein liberalisierter und wettbewerbsorientierter Markt wird zu einem kostspieligen Personalabbau führen, den die jeweiligen Regierungen wieder auffangen müssen. Angesichts der Tatsache, daß in diesen Staaten die Arbeitslosigkeit gegenwärtig das Problem Nummer eins darstellt (über 18 Millionen Menschen sind ohne Beschäftigung) und der Wohlfahrtsstaat sich in einer Krise befindet, ist die Lage dafür nicht gerade günstig. Offizielle Zahlen besagen, daß der durch die Liberalisierung ausgelöste neue Wettbewerb auf dem Telekommunikationssektor mehr als hunderttausend neue Arbeitsplätze schaffen wird. Dies kompensiert bei weitem nicht diejenigen dreihunderttausend, die durch die Privatisierung der alten staatlichen Monopolgesellschaften zerstört werden. Aber nur so haben diese eine Chance, im Vergleich zu ihren nordamerikanischen Konkurrenten an Effizienz zuzulegen. Desweiteren wird man die neugeschaffenen Arbeitsplätze zum größten Teil mangels entsprechender Qualifikation nicht mit den gleichen Kräften wie vorher besetzen können. Unter diesen Umständen ist es am wahrscheinlichsten, daß die Politik versuchen wird, große Unternehmen von der Notwendigkeit zu überzeugen, im Austausch gegen einige Zugeständnisse ein hohes Beschäftigungsniveau zu erhalten. Das aber wird den Effekt der Liberalisierung schmälern und zur Aufrechterhaltung des Protektionismus auf dem gesamten Sektor führen.

Wenn diese wahren Firmenmammuts auf Terrains vorstoßen, die ihnen bislang verwehrt waren wie z. B. die Filmproduktion, den Erwerb von Rechten für Sportliveübertragungen oder mit Informatik verbundene Dienstleistungen, wird das bestimmt nicht friedlich verlaufen. In diesen Imperien, die bislang unter außergewöhnlichen Bedingungen und frei von jeglicher Konkurrenz geführt werden konnten, haben sich überaus schwerfällige Strukturen herausgebildet, die nicht so recht zu den dezentralisierten Modellen der neuen Unternehmenskultur passen wollen. Bis vor kurzem noch betrachtete man bei den meisten Anbietern das Thema Multimedia denn auch als etwas Fremdes und Exotisches. Jetzt besteht jedoch kein Zweifel mehr, daß dieser Bereich in ihrer Firmenstrategie eine entscheidende Rolle spielen wird. Auf der ganzen Welt gibt es keine einzige Telefongesellschaft mehr, die sich nur damit begnügen würde, ein Vehikel für die Übertragung von Informationen zu sein; und keine einzige, die nicht auf ein Geschäftsfeld vorstoßen möchte, das man allgemein als den zentralen Handelssektor mit der höchsten Rendite ansieht: den der im Netz zirkulierenden Inhalte.

Die Monopolkultur verträgt sich im übrigen nur schlecht mit den internationalen Normen und Regeln, die sukzessive die nationalen Statuten ersetzen müssen, von denen diese Aktivitäten bislang gesteuert wurden. Die Beschlüsse, die diesbezüglich bei der Welthandelsorganisation

(WTO) gefällt wurden, die wachsende Präsenz der Europäischen Kommission auf diesem Gebiet, die Rückwirkungen, die das Telekommunikationsgesetz der Vereinigten Staaten auf den übrigen Markt hatte, sowie die Entscheidungen der nordamerikanischen Federal Commission, die das Verhalten auf diesem Sektor überwacht, geben bereits in hohem Maß die zukünftige Richtung in einer Welt vor, in der Verträge und Verhandlungen die alte Autorität von Regierungen allmählich ersetzen.

Dennoch besitzen die Telekommunikationsunternehmen, sowohl unter der Perspektive der Sicherheitspolitik als auch, was die wirtschaftliche Entwicklung betrifft, für jede Regierung einen hohen strategischen Wert. Bislang waren sie in allen Ländern strengen Regulierungen unterworfen, und die in Gang gebrachte Liberalisierung wird, was Zeit und Methode angeht, mehr als vorsichtig durchgeführt. Dies alles steht im Widerspruch zur Tendenz der chaotischen Verhaltensweisen im Netz.

Die Globalisierung des Systems läßt die politische Autorität der Nationalstaaten schwinden, indem sie es den Unternehmen der Soft- und Hardwareindustrie ermöglicht, bei der Schaffung des Cyberspace die entscheidende Rolle zu spielen. So liegt die soziale Verantwortung weniger bei den Regierungen als vielmehr bei der Geschäftswelt. Diese Machtverschiebung verläuft ähnlich wie jene zwischen der Kirche und den modernen politischen Institutionen. Firmen werden in Zukunft Funktionen übernehmen, die traditionell Regierungen innehatten, vor allem dort, wo es um den Gebrauch und die Nutzung der Infostraßen geht. Abgesehen davon, was man bei jeglicher wirtschaftlicher Aktivität an Wohlverhalten und Professionalität erwarten kann, besitzen sie dafür keinerlei sichtbare Legitimation, und vermutlich ist dies auch gar nicht ihre Absicht oder moralische Pflicht.

111

Obwohl sie Gruppen mit unterschiedlichen Meinungen und auch gegensätzlichen Interessen repräsentieren, neigen Regierungen – und selbst die nicht demokratisch gewählten – dazu, so zu tun, als arbeiteten sie rein im Interesse der Allgemeinheit und schlügen nur Gesetze vor, die damit vereinbar seien. Faschistische und kommunistische Systeme gehen noch weiter bei der Gleichsetzung des Volkswillens mit dem der jeweiligen Parteien, welchen sie auch noch eine gesellschaftliche Führungsfunktion zuerkennen. Das Hollywoodkino und einige Sciencefictionromane haben ausgiebig mit der Möglichkeit gespielt, daß im kommenden Jahrtausend die politische Macht von den großen Korporationen übernommen wird, die sich im Besitz genau derjenigen Technologien wähnen, die für ein Funktionieren der Gesellschaft unabdingbar sind. Einmal angenommen, dieser Fall träte wirklich ein, dann hätten wir es in immer größerem Maße mit dem Problem zu tun, daß solche Unternehmenskonsortien Sonderinteressen bzw. die ihrer Aktionäre verteidigen und dabei nicht einmal den Anschein erwecken, sie würden die Ziele und Wünsche des gesamten Gemeinwesens vertreten. Diese Übereinstimmung wird freilich nur dann plausibel, wenn man fälschlicherweise die Bedürfnisse der Bevölkerung mit den technologischen und wirtschaftlichen Erfordernissen gleichsetzt, um die sich nur ein Konsortium kümmern kann. Daher kommt übrigens dessen Tendenz, das Besondere mit dem Allgemeinen zu verwechseln, ganz so, wie es auch totalitäre Regime tun. Das Ersetzen der pauschalen Interessen einer Gemeinschaft durch die spezifischen Modelle dieser Unternehmensmonster ist aber längst im Gange.

Selbstverständlich ist all dies Konsequenz der expansionistischen Natur jedweder Form von Macht, aber auch Folge menschlicher Dummheit. Menschen und Organisationen, die Erfolg haben, neigen zu der Annahme, daß ihre Fähigkeiten, die sie auf einem bestimmten Gebiet unter Beweis gestellt haben, sie dazu prädestinieren, eine Art universelles Magistertum auf welchem Gebiet auch immer auszuüben. Mächtige Staatsmänner protzen mit ihrer mittelmäßigen Gemäldesammlung, und ausgezeichnete Schriftsteller kämpfen um die Präsidentschaft ihres Landes. Es gibt den bekannten Fall einiger Bauherren im öffentlichen Sektor, die, reich geworden durch Spekulationsgeschäfte oder die Patronage seitens der Machthaber, nicht lange zögerten, sich zuerst auf Investitionen im Mediengeschäft und später auf Abenteuer in der Politik einzulassen, nur um am Ende von einer hohen Bühne herab ihre eigentümlichen Meinungen darüber verkünden zu können, wie man staatliche Organisation anzupacken habe. Dieser Versuchung, die alle befällt, die sich in einem bestimmten Feld auszeichnen, scheinen besonders diejenigen vollständig erlegen zu sein, die bei der Erfindung und Entwicklung neuer Technologien etwas zu sagen haben. Wir wohnen der Wiederauferstehung einer Art von Wissenschaftsgläubigkeit bei, die sich der Herrschaft der digitalen Welt und ihren unbeschreiblichen Möglichkeiten ebenso verdankt wie der universellen Nachfrage danach. Somit wäre es alles andere als verwunderlich, wenn einer ihrer Vertreter am Ende womöglich den traumfabrikartigen Fiktionen aufsitzen würde, die in den Machtzentralen der Unternehmen ausgesponnen werden; wenn sie als objektive Realität verstünden, was nichts weiter ist als eine Metapher oder Interpretation der Kräfteverhältnisse in einer Gesellschaft. Das, was in der sogenannten Telekratie längst Wirklichkeit geworden ist, mit dem Ergebnis, daß seltsame und umstrittene Figuren auf den Präsidentensessel gehievt werden, könnte nur ein kleiner Vorgeschmack darauf sein, was uns in einer Digitokratie noch erwartet.

Auf jeden Fall existiert bereits eine starke Denkströmung, die um den Cyberspace und seine Nebenprodukte eine regelrechte Digitalphilosophie zu errichten versucht. Eine Ideologie, die definitionsgemäß alles ausschließt, was nicht in ihre Welt hineinpaßt und deren augenscheinlichstes Merkmal es ist, Abguß der virtuellen Realität zu sein. Sie übernimmt Riten, Sprachen und Umgangsformen, die es einer Elite von Eingeweihten erlauben, sich und nur sich die Fähigkeit zuzuerkennen, die Texte, auf die sie sich berufen, auszulegen, und gleichzeitig angesichts der wachsenden Ausbreitung der Netze die Illusion einer universellen und von Mitbestimmung geprägten Demokratie aufrechtzuerhalten. Wenn wir – wie bereits geschehen – dieser sich herauskristallisierenden Macht für die Ausübung ihrer Aktivitäten auch noch fast unbeschränkte finanzielle Mittel und ein unbegrenztes Herrschaftsgebiet zur Verfügung stellen, dann sollte man sich wohl fragen, welche Rolle Staaten und Regierungen in einer Cyberspacegesellschaft noch spielen können und welche Zukunft die Demokratie unter derartigen Umständen überhaupt noch haben kann.

Die Wiedergeburt Athens

Das Internet gilt als beispielhaft demokratisierendes Element unserer Gesellschaft. Zwei Wesensmerkmale einer Demokratie sind Egalitarismus und Partizipation, und tatsächlich scheint nichts dem Ideal der Gleichheit mehr zu entsprechen als ein PC, ganz unabhängig von der Speichergröße. Analog dazu scheint es auch kein besseres Vehikel für Mitbestimmung zu geben als die Interaktivität des Netzes. Dennoch verhält es sich mit dem Internet wie mit dem Kaffee: es gibt Hunderte verschiedene Arten, ihn zuzubereiten. Zu Beginn des Jahrhunderts trugen die Kellner in Wien auf der Innenseite ihres Revers deutlich sichtbar ein Pappschild mit dreiundzwanzig Farben darauf, die den dreiundzwanzig Kaffeesorten entsprachen, die sie sich rühmten, ihren Kunden anbieten zu können. Es gibt aber nur eine Art von »echter Demokratie«, wie es auch nur eine Art von »echtem Kaffeegenuß« gibt, und diese Art muß wohldefinierten Standards und Anforderungen genügen. Alle anderen Ausprägungen, etwa Volksdemokratien nationalen, organischen oder sonstwelchen Typs, sind nur ein Ersatz, das heißt Betrug an der Bevölkerung, die sich von dieser Farce allerdings nicht so leicht an der Nase herumführen läßt. Ist nun die Cyberdemokratie Teil solcher Betrugsmanöver?

Auch wenn die große Mehrheit der Nutzer eine eher passive Haltung einnimmt, liegen die Mittel der Beteiligung im Internet auf der Hand. Zweifelhafter ist da schon, ob das auch für die Gleichheit gilt. Genügend Systemanalytiker stellen sich die Möglichkeit, in Zukunft über das Netz Abstimmungen abhalten zu können, als einen großen Fortschritt vor, der dazu beitragen wird, die praktischen Probleme bei der Durchführung von Wahlen zu lösen. Wenn sich das System erst einmal etabliert habe, so argumentieren sie, könne man bei vielen Angelegenheiten spontane Online-Befragungen durchführen. Die Regierenden müßten sich nicht mehr auf Umfragewerte verlassen, die leicht zu manipulieren sind und eine hohe Fehlerhäufigkeit aufweisen, wie uns ja die Erfahrung lehrt. Bei Fragen wie derjenigen, ob man in öffentlichen Gebäuden das Rauchen verbieten oder das Alter für Strafmündigkeit herabsenken sollte, könnte man relativ leicht die Bürger nach ihrer Meinung befragen. Diese könnten ihrerseits, indem sie einfach zuhause auf eine Taste drücken, ihre Präferenzen kundtun und auf diese Weise den Entschei-

dungsweg mitbestimmen. Wir würden somit zu den Ur-
sprüngen der athenischen Demokratie zurückkehren, die
eine auf Versammlungen basierende und keine repräsentative war.

Tatsächlich bildete sich in der Hauptstadt des antiken
Griechenland als erste Form von Demokratie die Versammlung des ganzen Volkes aus, die sich frei äußern
konnte und anschließend Entscheidungen per Abstim-
mung fällte. Das »Volk« bestand nun aber nicht aus allen
Individuen, die in der Stadt wohnten. Frauen und Sklaven
waren von der Versammlung ausgeschlossen, so daß man
letztlich doch nur sehr eingeschränkt von einem plebis-
zitären Charakter sprechen kann. Selbst wenn wir davon
ausgehen, daß das Internet bei der praktischen Umset-
zung von Demokratie durchaus Vorteile bietet, so muß
doch auch die Gefahr einer neuen Form von Diskriminierung erkannt werden. Die nicht ans Netz Angeschlossenen und die nicht ganz so technisch Versierten werden
von der Teilnahme abgeschnitten und aus der Konklave
der Eingeweihten vertrieben. Dies gilt für lokale und nationale Kollektive gleichermaßen, also für das gesamte
Territorium, auf dem dieses System einmal vorherrschen
soll.

Eine duale Welt

Die Unterschiede zwischen den verschiedenen Gesell-
schaftsschichten werden sich durch diese neue Grenze,
welche angeschlossene und nicht-angeschlossene Bürger
voneinander trennt, in gigantischem Ausmaß vergrößern.
Die egalitären Elemente des Internets lassen sich nur auf
erstere anwenden, was aber paradoxerweise die Ungleichheit der anderen erhöht. Wenn wir nur bedenken, daß die

Hälfte aller an das System angeschlossenen Rechner in den nordamerikanischen Haushalten zu finden sind, daß mehr als die Hälfte der Weltbevölkerung noch nie ein Telefon benutzt hat und daß es in ganz Schwarzafrika weniger Leitungen gibt als in Tokio, bekommen wir vielleicht eine leise Ahnung davon, bis zu welchem Grad dieses Gebilde namens Cyberdemokratie zu einem Ausschlußphänomen geraten kann. Die Ausweitung des Telekommunikationswesens wird gewiß einen positiven Beitrag dazu leisten, die Unterschiede in den Lebensstandards zwischen einigen Völkern und Nationen zu verringern. Aber das in den reichsten Gebieten der Erde immer schneller wachsende Netz wird gleichzeitig dieses Gefälle in Abgründe verwandeln. Die UNESCO und andere Organisationen der Vereinten Nationen weisen dringend darauf hin, daß sich in den letzten Jahrzehnten die Kluft zwischen Arm und Reich auf besorgniserregende Weise vergrößert hat. Demokratie hat viel mit dem wirtschaftlichen und kulturellen Entwicklungsstand der jeweiligen Länder zu tun. Wenn das Netz einer Art virtueller Mitbestimmung der Bürger bei den Entscheidungen der Regierenden Vorschub leistet, dabei aber keine Grenzen existieren, die es einschränken, muß man politische Entscheidungen herbeiführen, die die paradoxe Entwicklung stoppen, daß sich dieses demokratisierende Instrument in den Augen der am meisten Benachteiligten in ein Unterdrückungs- und Entfremdungssystem verwandelt.

Historisch gesehen mußte sich die plebiszitäre Demokratie einem repräsentativen Pluralismus beugen. Ignacio Ramonet, Herausgeber von *Le Monde Diplomatique*, warnt uns denn auch vor den Verzerrungen, die eine Cyberabstimmung, wie er sie nennt, mit sich bringen könne, obwohl er durchaus anerkennt, wie attraktiv die Idee vielen erscheinen mag: »Stellen wir uns doch nur ein Referendum zur Todesstrafe vor, das schon wenige Tage nach Bekanntwerden eines besonders monströsen Mordes, über den die Medien ausführlich berichtet haben, abgehalten wird. Das Ergebnis wäre absehbar. Eine elektronische Demokratie könnte auf direktem Weg zu einer elektronischen Lynchjustiz führen. Die Interaktivität der Cyberidiotie.«[29] Es ist kein Zufall, daß gerade die Regime, die sich auf große Massenbewegungen stützen, sehr häufig auf das Mittel des Referendums zurückgegriffen haben, um Rückhalt für ihre Entscheidungen zu suchen. Die Apostel demokratischer Tugenden im Netz wiederholen naiverweise immer wieder, daß die digitale Revolution mehr Macht für das Volk bedeute. Genau das aber versprachen auch die großen Revolutionäre ihren Anhängern, bevor sie dazu übergingen, die Widerspenstigen und Ungehorsamen an die Wand zu stellen. Totalitäre Regime und Diktaturen besitzen indes kein Exklusivrecht auf einen ausbeuterischen Populismus. Genauso wie Silvio Berlusconi in Italien scheint auch Ross Perot ein gutes Beispiel dafür zu sein, wie selbst in Ländern mit einer starken liberalen Tradition Bewegungen aus dem Boden sprießen können, die für ihre politischen Ambitionen einzig und allein auf die soziale Kraft der Medien setzen.

Demokratische Systeme haben sich jahrzehntelang um den Schutz von Minderheitenrechten bemüht. Deren Wahrung ist essentieller Bestandteil des Systems. Manch einer argumentiert (nicht ganz zu unrecht), daß niemand im Web so gut repräsentiert sei wie gerade die Minderheiten, denn dort könne praktisch jeder seine eigene Site unterhalten. Daraus leiten sie andere, angeblich unzweifelhafte Beiträge des Internets für eine Demkokratie ab. Wenn diese Demokratie nicht vorankommt, hört man sie erklären, dann nur deshalb nicht, weil fremde Mächte versuchten, das Netz zu kontrollieren und es sich zu unterwerfen, wodurch sie das Aufblühen einer Welt verhinderten, die frei wäre von Hierarchie und in der ein asymmetrisches Mitbestimmungsmodell gelebt würde, das so chaotisch ist wie die Netzbewohner. Diese moderne und pazifistische Art von Liberalismus erscheint besonders jungen Menschen attraktiv, die ohnehin meinen, daß die repräsentative Demokratie zu einem korrupten System verkommen ist und sich in ihrem Niedergang längst in eine Art Aristokratie verwandelt hat, in der Berufspolitiker, absolut isoliert von den Bedürfnissen, Gefühlen und Überzeugungen des Volkes, die ihnen zugedachte Rolle nurmehr spielen.

Die Anhänger einer Selbstregierung im Netz schätzen die Gefahren, die aus der Kontrollfunktion einer politischen Macht entspringen würden, wesentlich höher ein als den entgegengesetzten Fall eines Fehlens jeglicher Autorität, welche in irgendeiner Form die Inhalte reguliert und sie vor allem nach intellektuellen Kriterien hierarchisiert. In ihrem radikalsten Ausdruck wird diese Position zu einem praktischen Beispiel dafür, wie sehr man Geschichte als stetigen Fortschritt negieren und uneingeschränkt das Recht des Individuums über das des Gemeinwohls setzen kann. Dabei glauben sie tendenziell folgendes: entweder, daß die ganze Gesellschaft sich letztendlich aufgrund des großen Einflusses, den das Netz auf sie ausübt, nach seinem Vorbild organisieren wird; oder aber, daß das »Spinnennetz« autonom und fernab von etablierten Regeln, die ohnehin leicht zu umgehen sind, weiter wachsen wird. Wir wären hiermit Zeuge des Entstehens einer Art virtueller Gesellschaft, die intern, mit eigenen Gesetzen, eigener Polizei und dergleichen, ihre eigene Demokratie schafft – ein Privatgehege für all diejenigen, die sich nicht auf eine Welt einlassen wollen oder können und deren Hauptcharakteristikum das Fehlen einer eigenen Tradition ist.

Unterdessen wird man das Netz auf konventionelle Weise verstärkt für politische Zwecke nutzen. Regierungen und öffentliche Verwaltungen werden mit seiner Hilfe ihren Bürgern den Zugang zu Informationen erleichtern. Wahlkandidaten werden ein lebhaftes Bedürfnis verspüren, ihre eigene Site einzurichten und dort die Fragen ihrer Wähler zu beantworten. Parteien werden Chatforen organisieren, in denen man über ihre Programme debattieren kann, sie werden ihre militanten Anhänger mobilisieren, Parteispenden sammeln und über Bildschirme die Anhängerschaft nach ihrer Meinung befragen. Und all dies wird anonym, in absoluter Diskretion geschehen.

Die globale Informationsgesellschaft wird entscheidende Auswirkungen auf die politische Macht und die klassische Vorstellung von Souveränität haben, auf welche sich Staaten und Regierungen gründen. Doch kommt diese Entwicklung nicht unerwartet. So haben wir bereits vor der Popularisierung der digitalen Welt einen Prozeß zunehmender Globalisierung in Wirtschaft und Politik erlebt, und konnten – je nach Einzelfall – bereits verzerrende und förderliche Auswirkungen der neuen Technologien auf die demokratischen Tugenden und das Zusammenleben der Menschen kennenlernen. Seit einiger Zeit verlieren politische Kundgebungen in Wahlkampagnen zunehmend an Bedeutung. Es sind mittlerweile Versammlungen, die man fast nur noch deshalb abhält, damit die Reden im Schreiton, der Applaus und die Erregung in den Fernseh- und Radionachrichten oder Zeitungsartikeln wiedergegeben werden können. Und dennoch ist das Ritual weiterhin nötig. Die Liturgie einer persönlichen Begegnung, einer Feier gemeinschaftlich begangener Akte welchen Typs auch immer, hat in keinster Weise an Interesse eingebüßt, sondern durch die Auswirkungen der Medien, die Emotionen aussenden und schüren, noch extrem an

Bedeutung gewonnen. Jetzt, angesichts der Beschleunigung des gesamten Prozesses, sehen sich Behörden und führende Politiker mit Problematiken konfrontiert, die nichts mit dem zu tun haben, was sie bislang auf ihrem Gebiet meistern mußten. Auf den Versammlungen, bei denen normalerweise ein Redner spricht und das Publikum applaudiert, nehmen Anhänger plötzlich aktiv am Dialog teil, stellen Fragen und geben Antworten. Elektronische Kundgebungen beschränken sich nicht mehr nur darauf, die offizielle Doktrin derjenigen zu reproduzieren, die sie organisieren, sondern bilden ein echtes Diskussionsforum.

Zensur und Kontrolle

Die Offenheit der Netze hat Bürgern und Institutionen ihre Nutzung erleichtert, und zwar nicht nur denjenigen, die bestimmte Bereiche des Establishments abdecken, sondern auch Randgruppen und Querdenkern; aber auch Verbrecherorganisationen, Terrorbanden, der Mafia und allen möglichen Erscheinungen, die man normalerweise unter dem Begriff antisoziale Bewegungen einordnet. Die Regierungen sehen sich außerstande, dieses Phänomen alleine zu bekämpfen. Die grenzenlose Struktur des Netzes und seine flexible Funktionsweise verhindern das. So machen es die unterschiedlichen Gesetzgebungen der einzelnen Länder, der zu erwartende Widerstand gegen eine Zensur, die der fundamentalen Freiheit der Nutzer ein Ende breiten würde, sowie die Natur des WWW selbst, bei der Virtuelles und Materielles ineinanderfließen, ungeheuer schwer, irgendeine Form von Kontrolle durchzusetzen. Um diesbezüglich zu einer Lösung zu kommen, sind internationale Abkommen und eine effektive Zusammenarbeit zwischen den Staaten nötig; allerdings geben die Erfahrungen, die man bislang damit gemacht hat, keinerlei Anlaß zu Optimismus.

Anstatt Gesetze zu erlassen, wenden sich die Regierungen lieber direkt an die systembeherrschenden Unternehmen, damit diese eine bestimmte Art von Informationsfluß über ihre Server verhindern und sich koorperativ zeigen, wenn es darum geht, bestimmte Inhalte einzuschränken. Die Frage ist nur, welches dabei das leitende Kriterium sein soll. Diese Art von Entscheidungen internationalen Konsortien zu überlassen, macht keinerlei Sinn. Der Alarm, den die pornographischen Inhalte in den Vereinigten Staaten ausgelöst haben, hat Unternehmen wie CompuServe dazu veranlaßt, das Geschäft mit der Erotik, das sich im Web überall breitgemacht hat, rigide einzuschränken. Das hat aber im selben Netz zu einer weltweiten Rebellion derer geführt, die eine totale Verkehrsfreiheit fordern. Um diesen Exzessen einen Riegel vorzuschieben, hat der amerikanische Kongreß dem *Communication Decency Act* zugestimmt, den der Oberste Gerichtshof 1997 allerdings für verfassungswidrig erklärt hat. Aber einmal abgesehen von diesem konkreten Konflikt erfordert diese Frage ein tiefergehendes Nachdenken darüber, wie man Freiheit organisiert.

Wenn Werte absolut sind oder es zumindest sein können, so gilt dies nicht für die daraus abgeleiteten individuellen Rechte. Zunächst einmal, weil diese durch die Ausübung der Rechte anderer eingeschränkt sind. Demokratien nehmen es als ganz selbstverständlich hin, daß es Gesetze gibt, die Freiheitsrechte verletzen, indem sie Grenzen setzen, um Schaden bei der Ausübung konfligierender Rechte zu verhindern. Diese Gesetze entspringen dem Volkswillen, der in den Parlamenten repräsentiert ist, und finden ihren begrenzenden Rahmen wiederum in der Verfassung, auf die sie sich beziehen. Wenn man dagegen die Entscheidung, wer das Internet regieren soll, einfach den großen internationalen Korporationen überläßt, ist das schlicht und einfach verhängnisvoll. Denn es bedeutet, daß nicht nur die Regierungen, sondern auch die gesamte Gesellschaft einen Teil ihrer Souveränität aufgibt, und außerdem, daß man auf unzulässige Weise jenen Macht verleiht, die dafür keinerlei Legitimation besitzen.

In der Diskussion über Freiheit wird allzu oft vergessen, daß diese auch eine schwerwiegende Veranwortung mit sich bringt. Es müssen Verhaltensnormen aufgestellt und Minimalregeln vereinbart werden, die einerseits einen freien Informationsfluß im Internet garantieren und es anderseits erlauben, diejenigen strafrechtlich zu verfolgen, die ihre Freiheitsrechte auf Kosten anderer mißbrauchen. Gerade deshalb muß man unbedingt den anonymen Austausch verbieten; ansonsten werden wir in Zukunft zwischen Straffreiheit und Unterdrückung schwanken und unfähig sein, aus eigener Kraft ein Gleichgewicht zwischen Rechten und Pflichten herzustellen. Die angeblich anarchischen, oft einfach nur unsolidarischen und antisozialen Tendenzen derer, die jegliche Einschränkung bei den im Cyberspace zirkulierenden Inhalten verhindern wollen – und dies auch noch im Namen eines Freiheitsbegriffs, der einer Unterdrückung anderer gefährlich nahe kommt –, sind genauso abzulehnen, wie die Tendenzen derer, die ein Kontrollsystem anstreben, das ihnen die Befugnis verschafft, unmittelbar zu entscheiden, was im Netz übertragen werden darf und was nicht. Deshalb weisen wir noch einmal nachdrücklich darauf hin, wie wichtig es ist, mit allen legalen Mitteln den anonymen Umgang zu verbieten, damit man diejenigen Personen, die fremde Freiheitsrechte verletzen, persönlich zur Verantwortung ziehen kann.

Die westlichen Länder, die immerhin einen Anteil von 80 Prozent am Cyberspace ausmachen, haben versucht, diese Debatte in Gang zu bringen. Sie tun es jedoch eher stammelnd, ja fast schon spasmisch; mal stimmen sie heute einer Maßnahme zu, die sie schon morgen wieder verwerfen, mal beugen sie sich dem Druck einer Konjunktur, die von Regierungsperioden oder konkreten Skandalen bestimmt wird. Vielleicht geschah es aus Ehrfurcht vor der puritanischen Tradition, aus der die Mehrzahl dieser Völker ja hervorgegangen ist, daß gerade das Thema Pornographie zum ersten Mal die Aufmerksamkeit auf dieses Problem gelenkt hat. Die Fülle an pornographischem Material im Web hat man außerdem in Verbindung gebracht mit der Entdeckung von Päderasten-Organisationen und der Kommerzialisierung von obszönem Material, in das Kinder verwickelt sind. Einige Statistiken besagen, daß es mehr als zehntausend Sites gibt, die der Pornographie gewidmet sind, und daß diese Sites täglich zehn Millionen Anfragen verzeichnen. Läßt man einmal die kriminelle Komponente beiseite und zieht auch die Gelegenheitsklientel ab, so läßt sich dennoch konstatieren, daß das Internet die Verfallserscheinungen hervorkehrt, die der moderne Mensch aufgrund von Einsamkeit, Liebesmangel und Unzufriedenheit aufweist. Diese Situation wird vermutlich dahingehend ausgenutzt werden, aus der Pornographie eine sogenannte *killer application*[30] des Systems zu machen: eine jener Anwendungen nämlich, die zu seiner schnellstmöglichen Durchsetzung beitragen könnte. Im Falle des digitalen Fernsehens zum Beispiel sind Erotik- oder Pornosender zusammen mit Sportliveübertragungen der eigentlich Motor des gesamten Prozesses.
Die Akzeptanz von Pornographie variiert im übrigen von Land zu Land ganz beträchtlich, was es auch nicht leichter macht, eine Grenze der Permissivität festzulegen, die

alle Welt respektieren würde. Ähnliche Komplikationen ergeben sich aus der Analyse von Verhaltensweisen, die unendlich größere Gefahren und ein viel höheres Zerstörungspotential in sich bergen: Drogenhändler, Waffenschieber und alle Varianten der internationalen Mafia bedienen sich der Infobahnen, um die Kontrolleure in der realen Welt der Lächerlichkeit preiszugeben. Desgleichen ist die Stabilität der internationalen Beziehungen und das geopolitische Gleichgewicht längst durch die Denkbarkeit eines virtuellen Kriegs mit realer Fortsetzung beeinflußt.

Spioniergeist

Während des Golfkriegs erprobte das amerikanische Militär erfolgreich Methoden, wie man über Informationsnetze gezielt Desinformationen streuen kann. Diese Methoden hätten angeblich den irakischen Generalstab verwirrt und seien den Plänen des Pentagons sehr zuträglich gewesen. Heutzutage veranlassen Ministerien in verschiedenen Ländern fiktive Szenarien und Strategiespiele, mit denen man versucht, eine Attacke im Cyberspace zu simulieren. Auch Wissenschaftler der Rand Corporation arbeiten aktiv daran. Ihr Drehbuch zum Katastrophenfilm ist simpel: Eines Tages erhalten einige Computernutzer an verschiedenen Orten urplötzlich keinen Netzzugang mehr. Der Rechner stürzt ab, man erhält unentzifferbare Nachrichten, und die Einwahl ins System funktioniert nicht. Techniker, die herbeieilen, um die Katastrophe zu beheben, stellen fest, daß die Attacke an einem weit entfernten Punkt gestartet wurde, in einem osteuropäischen oder nordasiatischen Land. Stunden oder Tage später kommt es in einigen der größten Städte zum Totalausfall, die Telefonleitungen brechen zusammen, die Börse steht still, die Rechner von Banken spucken fehlerhafte Daten aus, Fluggesellschaften sehen sich außerstande, den Flugverkehr aufrechtzuerhalten. Das Land steht unter Beschuß, ist plötzlich Opfer eines Cyberwars.

Die Sorge um die Sicherheit hat bei den Geheimdiensten zur Bildung von Computerspionageabteilungen geführt und den Wunsch von Regierungen, auf vielerlei Arten die Netze zu kontrollieren, noch weiter geschürt. Es stellt sich jedoch die Frage, wie man dies erreicht, ohne gleichzeitig die eigene Existenzgrundlage zu vernichten. Denn diese Grundlage besteht weiterhin auch darin, daß man von jedem Land der Welt aus freien Zugriff auf die Netze anderer Länder erhält. Dadurch konnten politische Oppositionsbewegungen, die an bestimmten Orten verboten sind, oder alternative Gruppen, die ihren Protesten Gehör verschaffen wollen, diese Plattform in weitreichendem Maße für ihre Zwecke nutzen – beispielsweise jene Guerillakämpfer, die Weihnachten 1996 in der Residenz des japanischen Botschafters in Lima Dutzende von Menschen als Geiseln gefangen hielten. Einerseits sahen sie sich von Spezialtruppen der Armee umzingelt, auf der anderen Seite wußten sie um ihre militanten Anhänger draußen in der Welt, die den Kampf im Cyberspace fortsetzten. Sympatisanten der revolutionären Bewegung Túpac Amaru (MRTA) füllten wochenlang Dutzende von Webseiten mit Guerillapropaganda, die zu besuchen in der Folgezeit als geradezu hip galt.

Gruppen jeglicher ideologischer oder politischer Couleur – angefangen von Neonazis, über die *National Organization for the Reform of Marijuana Laws* bis hin zu ökologischen Hardlinern – verbreiten im Cyberspace ihre Botschaft an Millionen von Menschen und machen so die Zensur lächerlich, der sie in anderen Medien unterworfen sind. Die revolutionären Bewegungen Lateinamerikas haben sich auf diesem Gebiet als besonders aktiv erwiesen. Außer den peruanischen MRTA protzen die Revolutionären Streitkräfte Kolumbiens (FARC) und die mexikanischen Zapatisten mit ihrer Präsenz im Netz. Eine der elektronischen Seiten, die die FARC aus Mexiko eingespeist hatte, wurde auf Bitten der Regierung in Bogotá von den mexikanischen Behörden aus dem Verkehr gezogen. Indessen hat alle Welt die gleichen Schwierigkeiten damit, die Propagandafeldzüge zu unterbinden: »Wir können doch nicht die Telefonleitungen kappen und die Computer beschlagnahmen«, erklärte ein Polizeisprecher in Lima anläßlich des erwähnten Vorfalls. Wie recht er damit hatte, verdeutlicht die Tatsache, daß die Guerillakämpfer einige dieser Webseiten von Rechnern amerikanischer Universitäten aus betrieben hatten, welche keinesfalls dazu bereit sind, den freien Netzzugang ihrer Studenten einzuschränken.

In allen hochentwickelten Ländern haben die Regierungen diesen Protestkundgebungen Einhalt geboten, die zu unterdrücken allerdings nicht immer leicht und auch nicht immer wünschenswert ist, vor allem, wenn man bedenkt, welche Politik viele dieser Bewegungen verfolgen. Daneben fällt auf, daß verbrecherische Organisationen jeglichen Typs das Netz benutzen und dabei aus den manchmal himmelweiten Unterschieden in der Gesetzgebung der jeweiligen Länder ihren Vorteil ziehen. Die Antworten auf diese Probleme sind indes ziemlich armselig, und die Geschwindigkeit, mit der entsprechende Gesetze wirksam werden, nimmt einem das Vertrauen in die Erfindungsgabe von Juristen und Politikern. In einer Welt, in der sich alles mit Lichtgeschwindigkeit abspielt, muß die Demokratie – die normalerweise Distanz und Zeit zum Nachdenken benötigt – die Fähigkeit entwickeln, ihre Methoden neuen Gegebenheiten anzupassen. Die fundamentale

Frage aber bleibt: Welche Rolle spielen die Nationalstaaten in einer globalen Welt, in der zudem noch Wirtschaftsunternehmen Stück für Stück ihren Herrschaftsbereich ausdehnen und in der nicht mehr die klassischen Vorstellungen von politischer Autorität gelten?

Unter den Anworten, die von den unterschiedlichsten Organisationen kommen, hört man häufig das Stichwort Selbstregulierung. Damit aber so etwas wie Selbstregulierung sowohl bei den Anbietern von Inhalten als auch bei den Providern überhaupt entstehen kann, bedarf es vorher eines international vereinbarten Regelwerks. Die unterschiedlichen Kulturen und Wertvorstellungen erschweren dieses Ziel ungeheuer, so daß wir es mit einem Prozeß zu tun bekommen könnten, der sich über Jahrzehnte hinziehen und letztlich scheitern wird, sofern nicht das im Westen übliche Modell – die Wahrung der Freiheit und der Rechte des Individuums – den Sieg davonträgt. Dieses Modell ist nur allzu oft inkompatibel mit den Standards in anderen Weltregionen, und der Versuch, es durchzusetzen, könnte als eine weitere Etappe des Imperialismus aufgefaßt werden. Die Struktur der Netze führt überdies zu der Tendenz, einen Gutteil dieser Selbstkontrolle dem Nutzer zu überlassen, was in diktatorischen, autoritären oder sonstigen nichtdemokratischen Gesellschaften schlicht undenkbar ist, in denen innerhalb der Bevölkerung ein Sinn für die Rechte und Pflichten des Einzelnen praktisch nicht existiert.

Deutschland hat sich als erstes Land der Welt dazu entschlossen, eine Cyberspace-Polizei zu schaffen mit der Aufgabe, Gewalt und Pornographie im Internet grundsätzlich strafrechtlich zu verfolgen. In der Vorstellung vieler Deutscher »ist das Internet eine Art gesetzesfreier Raum, in dem die Beamten der Bundesbehörde für Verfassungsschutz weder radikale linke noch Nazipropagandisten strafrechtlich verfolgen können, und wo das Familienministerium der Verbreitung von Kinderpornographie tatenlos zusehen muß«.[31] Ein Gesetzesentwurf des alten Bundestags sieht vor, ein System einzurichten, das illegale Aktivitäten im Netz erkennt und die Provider dazu verpflichtet, bei dieser Art von Inhalten Anzeige zu erstatten. Eine Einheit von Spezialbeamten geht diesen Inhalten dann in den Büroräumen der jeweiligen Anbieter auf den Grund. Dieses Vorhaben fügt sich in einen sehr weit gefaßten Gesetzesrahmen ein, der es zuläßt, aus Gründen der inneren Sicherheit private Telefongespräche ohne weiteres abzuhören (»Lauschangriff«). Einige technische Neuerungen wie die Einführung von GPS-Systemen (Global Positioning System) in Autos tragen zum Erfolg dieser extremen Überwachungspraktiken noch bei. Bei GPS kontrolliert ein Satellit den Standort eines entsprechend ausgerüsteten Autos und versorgt den Fahrer mit nützlichen Informationen zur aktuellen Verkehrssituation sowie der eingeschlagenen Fahrtrichtung. Die Anwendung dieser Methoden erschwert Diebstähle und Entführungen, weil die Polizei jeden Flüchtigen exakt und schnell orten kann.

Das Netz führt all diese und zukünftige Vorsichtsmaßnahmen ad absurdum. Die Cyberpolizei kann außerhalb Deutschlands gar nicht tätig werden, und Nutzer können einfach einen Server im Ausland anwählen, womit die Kontrollmöglichkeiten minimal sind. Daraus leitet sich folgender Schluß ab: Angesichts der komplexen Situation in der Informationsgesellschaft sind Gewalt und Verbrechen durch die Anstrengung einer einzelnen Nation nicht in den Griff zu bekommen.

Die Versuche, auf diesem Gebiet zu einer Art universellem oder weltweitem Abkommen zu gelangen, sind im Augenblick zum Scheitern verurteilt, weil die Unterschiede in Kultur und Gesetzgebung in den einzelnen Ländern zu groß sind. Da scheint es schon angebrachter, daß die Protagonisten dieses Prozesses die Leitfunktion übernehmen und sich die anderen Nationen sukzessive anschließen. Die Vereinigten Staaten, Japan und die Europäische Union müssen sich gemeinsam mit den supranationalen Organisationen dringend an den Entwurf von Kooperationsabkommen machen, die es erlauben, die gesetzlichen Schwachstellen in der digitalen Welt erfolgreich zu bekämpfen.

Das Recht auf Privatsphäre …

Wenn schon Staaten Gründe haben, sich um ihre Sicherheit zu sorgen, um wieviel mehr mag das in einem offenen, vielfältigen, spinnenwebartigen und anonymen Netz dann für den Einzelnen gelten? Gerade wegen ihres informellen, selbstorganisierenden und chaotischen Charakters sind die Netze extrem verwundbar. Die Privatsphäre ist beim gegenseitigen Austausch in keinster Weise geschützt. Das gilt für wirtschaftliche Transaktionen genauso wie für Liebesschwüre, es sei denn, man benutzt Verschlüsselungssysteme. Einige Privatfirmen haben bereits wirkungsvolle Technologien, die einen Schutz beim Kommunikationsaustausch garantieren, auf den Markt gebracht, aber die Regierungen weigern sich, sie zum Export und einer weltweiten Installierung freizugeben, mit der Begründung, daß diese Technologien eventuell für kriminelle Zwecke mißbraucht werden könnten. So auch im Falle des Programms PGP[32], das Informationen mithilfe von persönlichen Schlüsseln schützt. Wenn man uns aber Nachrichten nicht im Stile von Spionen chiffrieren läßt, kann grundsätzlich alles, was im Netz zirkuliert, von Dritten kopiert werden. Die Betreiber von Zugangs-servern sind selbstverständlich in der Lage, unsere elektronische Post zu lesen, und Hackern fällt es nicht sonderlich schwer, sich Zugang zu verschaffen. Suchagenten, die Nachrichten abfangen können, und solche, mit denen man sich in entfernte Server einwählen kann, sind für gewöhnlich in Fachgeschäften erhältlich.

Es ist schon auffällig, daß die Behörden vieler Länder, obwohl sie doch eine solche Leidenschaft entwickeln, ihre Bürger vor einigen Inhalten zu bewahren, kaum einen Schritt unternehmen, um deren Intim- und Privatsphäre zu schützen. So ist die Spur, die eine Nachricht im Zugangsserver hinterläßt, unverkennbar. Unsere elektronische Post kann man straffrei lesen. Da wir nun einmal auf das Telefonnetz angewiesen sind, sind die Garantien für einen sicheren Informationsaustausch im Internet mehr als brüchig. Die Datenschutzgesetze oder ähnliche Regelungen, mit denen man versucht, einen veranwortlichen Umgang mit aufgezeichneter Information, sei deren Inhalt privat oder öffentlich, sicherzustellen, nehmen normalerweise von dieser Situation keine Notiz. Es ist schon paradox, daß ein System, das sich rühmt, zur Mitbestimmung anzuregen, universell und offen zu sein, gleichzeitig die totale Kontrolle der Bürger ermöglicht, sofern diese nicht die Zusicherung erhalten, daß die Datenbanken, in denen ihre persönlichen, beruflichen und familiären Daten gespeichert sind, nicht über das Netz angezapft oder gar von den dafür technisch Verantwortlichen bzw. den Behörden manipuliert werden können. Eine Verbindung zwischen den Rechnern des Finanzamts, der Sozialversicherung, der Banken und der Polizei genügt, um unsere Welt in einen pseudodemokratischen Überwachungsstaat zu verwandeln.

In der globalen Informationsgesellschaft ist Intimität ohnehin ein im Niedergang begriffener Wert. Durch ihren zwanghaften Anspruch, alles wissen zu wollen, und angetrieben von der Tatsache, daß das Leben zunehmend Showcharakter annimmt, betrachten viele das Privatleben nicht als ein Gut, das es zu schützen gilt. Wir sehen im Namen der Informations- und Meinungsfreiheit zu, wie täglich aufs neue Verfassungsprinzipien verletzt werden, vor allem in Ländern mit jungen Demokratien, also dort, wo die ehemalige Unterwerfung unter eine Zensur zur Schwächung der Abwehr gegen die Attacken der Kommunikationsmedien auf die Rechte des Individuums beigetragen hat. Deren explosionsartig gewachsene Präsenz in allen Bereichen unseres Lebens macht daraus eine brennende Frage.

Der Ausspruch »Wissen ist Macht« ist schon alt. Die mögliche Gefahr, daß eine kleine Anzahl von Personen oder Einrichtungen Zugriff auf persönliche Daten und jeden denkbaren Austausch hat, läßt das Schreckgespenst von Orwells Big Brother wiederauferstehen. Es gibt keinerlei Garantie dafür, daß uns niemand oberviert, wenn wir im Netz agieren, oder daß unsere elektronische Post nicht abgefangen und bedarfsweise abgespeichert wird. Wenn das schon im Falle des Internets Anlaß zu großer Besorgnis gibt, so gilt das noch viel mehr und aus guten Gründen für die sogenannten Intranets, für die Netze von Gruppen, Unternehmen und Gemeinschaften jeglichen Typs, die zwar als geschlossene Systeme funktionieren, oft aber den Zugang zum WWW oder ähnlichen Anwendungen freigeben. Mit der Vermehrung dieser Netze in naher Zukunft um ein Vielfaches wird auch das Gefahrenpotential und das neue Paradox anwachsen: Die Kontrollmöglichkeiten am Arbeits- und Ausbildungsplatz und sogar im Kreis der Familie haben beträchtlich zugenommen, und das angesichts der wachsenden Schwierigkeit des Staates, Zensurmaßnahmen zu ergreifen.

Die politisch Verantwortlichen und die demokratischen Bürger sollten der Verteidigung der Privatsphäre gegenüber jeglichen Versuchen der Einmischung die allergrößte Priorität einräumen. Um den Zweifel zu erhärten, ob sich bei derart sensiblen Informationen Vertraulichkeit überhaupt wahren läßt, könnte man als weiteres Beispiel den Einsatz digitaler Systeme beim Speichern und Verschicken von klinischen Daten heranziehen. Es ist daher unbedingt nötig, adäquate Vorsichtsmaßnahmen zu ergreifen, um diese Gefahr zu bannen. Der Gesetzgeber muß seinerseits dafür sorgen, daß diejenigen, die in fremde Privatsphären eindringen, je nach Einzelfall mit schweren Sanktionen rechnen müssen.

… und das Recht auf Eigentum

Während für einige der erwähnten Straftaten wie Drogenhandel und Terrorismus zwar das Netz benutzt wird, ihre tatsächliche Ausführung aber außerhalb des Netzes geschieht, gehört die Verletzung der Persönlichkeitsrechte zum Katalog der Vergehen, die gerade innerhalb seines Wirkungsradius begangen werden. Ich will damit sagen, daß es sich hier um neuartige Probleme handelt bzw. um Fragestellungen, die sich von bereits existierenden substantiell unterscheiden und die sich in Abhängigkeit von der Entwicklung der Infostraßen wandeln. Eine Liste solcher Probleme würde jene Punkte enthalten, die mit dem Copyright, den Autorenrechten, dem geistigen Eigentum und der Cyberpiraterie zu tun haben.

Jeder Reisende im Internet macht, wenn er sich nur ein ganz klein wenig für die Interaktivität des Apparats, den er da benutzt, begeistert, ungehinderten und freien Gebrauch von allem, was er unterwegs vorfindet. So fügt er hinzu, kopiert, streicht, löscht, kombiniert und spekuliert mit dem Material. Durch seine und die Aktivität vieler anderer kommt am Ende ein Produkt heraus, dessen Autorschaft praktisch nicht mehr erkennbar ist. Das ursprüngliche Werk nimmt neue Formen an, und es ließe sich kaum sagen, wem es zuzuschreiben ist, ebensowenig, ob es grundlegend verändert oder entstellt wurde. Für Autoren ist es wichtig, daß die Integrität des Originaltextes gewahrt bleibt, und zwar nicht nur aus wirtschaftlichen, sondern auch aus moralischen Gründen. Ein schöpferischer Mensch hat das Recht, auf die Identität seines Werks zu pochen, auf seine reine Fassung, ohne Verfälschungen und Manipulationen. Deshalb mag er sich schnell gekränkt fühlen, und zwar zu Recht, wenn er mitansehen muß, wie die Frucht seiner Anstrengungen von Eindringlingen ganz offen mißbraucht wird. Es gibt aber auch andere, die dieser Situation nichts Schlimmes abgewinnen können, sondern ganz im Gegenteil eine geteilte Autorschaft anstreben. John Perry Barlow, der in den Netzen die Antizensur-Schmähschrift mit dem Titel *Eine Unabhängigkeitserklärung für den Cyberspace* verfaßt hat, behauptet: »Eure Rechtsvorstellungen von Eigentum, Redefreiheit, Persönlichkeit, Freizügigkeit und Kontext treffen auf uns nicht zu. Sie alle basieren auf der Gegenständlichkeit der materiellen Welt. Es gibt im Cyberspace keine Materie.« Nur, um später hinzuzufügen: »Der Begriff des intellektuellen Eigentums ist widersprüchlich. Information ist Relation, ein Austausch von Bedeutungen, eine Existenz in Form eines kontinuierlichen Bandes zwischen Bewußtseinen im Raum ... Wenn du meine Idee aufgreifst, dann ist es deine, ich besitze sie weiterhin, wir besitzen sie beide. Ihr Wert ist gestiegen, sowohl für dich als auch für mich.«[33]

In Wahrheit bezweckt Barlow damit nichts Neues. In den meisten kommunistischen Ländern waren Autorenrechte nicht geschützt oder nur unter ganz bestimmten Bedingungen, und diese kommunitäre Vorstellung von geistigem Eigentum hat die Weltgeschichte ständig begleitet und immer wieder zu Polemiken geführt. Ich teile mit Barlow im übrigen die Meinung, daß Information noch mehr auf Teilnahme als auf Austausch basiert, aber das heißt noch lange nicht, daß man sich nicht an bestimmte Normen halten müßte. Das grundlegende Prinzip, daß nämlich verschiedene Organisationen Autoren repräsentieren und deren Rechte schützen, verändert sich in der Praxis nicht im geringsten, wenn dieses Werk im Netz statt auf Papier reproduziert wird. Betrachtet man das Problem vom juristischen Standpunkt aus, stellt man fest, daß das Autorenrecht in der Geschichte vornehmlich zum Schutz vor einer Ausbeutung in traditionellen Medien diente (etwa bei Kopien auf Papier) oder der Gewährleistung von Tantiemen bei öffentlicher Verbreitung (etwa bei Konzerten oder sonstigen Aufführungen). Verwandelt sich ein Werk in Bits und wird es über die Netze verschickt, kann man in einem strikten Sinne nicht mehr von einer »materiellen Kopie« sprechen, die nur in dem Moment angefertigt wird, wenn der Nutzer es zuhause auf seinen Monitor überträgt. Ebensowenig läßt sich abschätzen, wieviele Nutzer diese Operation ausführen. Wenn auf der anderen Seite das Werk modifiziert wird, verletzt das die moralischen Rechte des Autors, es sei denn, er gäbe dazu seine Zustimmung. Zwar sind all dies Fälle, die auch bei traditionellen Verbreitungsmethoden auftreten und für die der Gesetzgeber Regelungen getroffen hat – die Wahrscheinlichkeit aber, daß diese Regelungen im Cyberspace Anwendung finden, ist sehr gering. Es geht gar nicht so sehr darum, die Grundprinzipien zu verändern, als vielmehr darum, sicherzustellen, daß diese Normen in einer Welt eingehalten werden, in der es niemanden gibt, der genügend Autorität besäße, sie auch durchzusetzen.

All das bereitet den Autorenverbänden schon seit langem große Sorgen, aber auch der Kulturindustrie, die schöpferische und intellektuelle Produkte vermarktet. Auf nationaler Ebene hat sich die Situation dank der Gesetzgebungen eingependelt. Doch nun stellt sich das Problem erneut im globalen Maßstab. Die *World Intellectual Property Organization* (WIPO) bemüht sich, neue Wege zu finden, weil man dort erkannt hat, daß die technischen Neuerungen die Vorkehrungen der Juristen längst überholt haben. So ganz nebenbei stirbt allmählich die Vorstellung, daß man die Autorschaft einer physischen Person zusprechen kann, und wird ersetzt durch das Copyright, das nicht dem Autor gehört, sondern dem Verleger, also demjenigen, der die Reproduktionen auf den Markt bringt. Die freien Journalisten hatten im Web eine zusätzliche Einnahmequelle aufgetan, aber nordamerikanische Richter kamen zu dem Urteil, daß Verlage die Arbeiten, die sie für tradionelle Träger in Auftrag gegeben haben, elektronisch reproduzieren dürfen, ohne daß ihnen zusätzliche Ausgaben entstehen. Im übrigen ist jeder Internetsurfer in vielerlei Hinsicht ein gelegentlicher Kollaborateur, wenn er eigene Arbeiten ins Netz stellt.

Auf diese Weise existieren vermehrt kollektive Werke, deren Schutz auf die Industrie übergeht, und zwar auf Kosten der Autoren, die sich dadurch in intellektuelle Angestellte verwandeln, denen man wie anderen auch ein Gehalt bezahlt. Woraus wir schlußfolgern können, daß eine der Errungenschaften des Cyberspace darin besteht, jedem, der dort herumsurft, die Möglichkeit zu geben, Autor zu werden, aber dieser damit gleichzeitig aktiv dazu beiträgt, daß man ihn nicht als solchen anerkennt.

Die neue Rolle des Staates

Der transnationale Charakter des Internets und die Notwendigkeit, einen Verhaltenskodex aufzustellen, der die Provider und Online-Dienste in die Pflicht nimmt und den Nutzern eine Garantie an die Hand gibt, wird die Schaffung entsprechender zwischenstaatlicher Institutionen vorantreiben. Deren Aufgabenbereich wird sich nicht nur auf das zusammenwachsende Netz beschränken. Die Verbreitung von Fernsehen über Satellit und das komplexe Geflecht der Telekommunikation sollten dazu beitragen, daß die integrativen Kräfte, die auf supranationaler Ebene Autoritätsbefugnisse besitzen, wie etwa die Europäische Union, eine internationale Gesetzgebung vereinbaren, die die Fragen im Zusammenhang mit der globalen Informationsgesellschaft regelt. Sowohl hinsichtlich der im Cyberspace zirkulierenden Inhalte als auch in bezug auf die potentiellen Gefahren des verbrecherischen Mißbrauchs sowie die Wahrung der Privatsphäre und Autorenrechte, sollten die verschiedenen existierenden Regelungen dahingehend einander angeglichen werden, daß dem Prinzip größtmöglicher Freiheit für den Verbraucher Genüge getan wird. Angesichts extrem einschneidender Gesetze werden sich die Anbieter von Inhalten im Internet oder in anderen Medien alternative Orte suchen, an denen sie den Vorschriften entgehen können – was nur dazu führen würde, daß ähnlich wie bei der Steuerflucht neue »Paradiese« mit Netzservern oder Satellitenstationen entstünden. Die Gesetzgebung im jeweiligen Zielland dürfte den Betreibern nicht mehr als ein müdes Lächeln abringen.
Aber die Rolle des Staates beschränkt sich nicht nur darauf, Normen aufzustellen und für ihre Einhaltung zu sorgen. Sie besteht auch darin, die Souveränität, verstanden als kollektiver Wille der Bürger, zu repräsentieren. Das

Netz trägt zur Entstehung einer neuen Kategorie bei, einer Art Netzbürgerschaft, die sich selbst organisiert und für die besondere Regeln und gemeinsame Verhaltensweisen gelten. So könnte man sich durchaus vorstellen, daß es einmal einen virtuellen Staat geben wird, mit eigenen Bürgern, eigenen Machtverhältnissen, eigenen Zielen und eigener legitimierter Souveränität. Diese Virtuelle Republik könnte ein Modell abgeben, an dem sich wiederum traditionelle Demokratien bei ihren Reformbemühungen orientieren. Denn es ist offenkundig, daß der Einfluß des traditionellen Staates in Fragen der ökonomischen Organisationsstruktur, des Marktes oder der Bildung abnimmt, je mehr sich das virtuelle Territorium ausdehnt. In manchen Fällen wird das soweit gehen, daß ihm nur noch eine folkloristische Rolle zukommt; denn während die Macht »von oben« zugunsten internationaler Organisationen zerfällt, wird sie gleichzeitig durch die fortschreitende lokale oder regionale Selbstregierung, denen die neuen Tendenzen Auftrieb verleihen, »von unten« erodiert. Gemeinschaften wesentlich begrenzteren Ausmaßes als etwa Nationalstaaten können ihre eigenen Intranets ähnlich wie Korporationen und Firmen organisieren. Auf diese Art und Weise vereinigen sie ihre Mitglieder in einem gemeinsamen Projekt und tragen zur Ausbildung von etwas bei, das patriotischen Gefühlen durchaus nahekommt.

Während wir noch darauf warten, daß all dies eintritt, haben Regierungen und andere Institutionen längst begriffen, wie man im Cyberspace mit den Bürgern Kontakt aufnimmt. Ständig wächst die Zahl der Sites, die mit der öffentlichen Verwaltung, den Kirchen oder anderen gesellschaftlichen Akteuren zu tun haben. Im Zuge des Vorhabens, dem technologischen Fortschritt auf die Sprünge zu helfen und damit dem wirtschaftlichen Wachstum Impulse zu verleihen, hat sich Präsident Clinton[34] dazu verpflichtet, die Computernetze als effektive Methode zu nutzen, um der Öffentlichkeit einen großen Teil der von der Regierung zusammengetragenen Informationen zugänglich zu machen; ein Angebot, von dem die Steuerzahler bislang noch gar nicht richtig Gebrauch machen. Die Verwaltungen bieten auf diesem oder ähnlichen Wegen jedem die Möglichkeit, seinen demokratischen Pflichten nachzukommen. Für Kirchen und religiöse Sekten, die mit der Natur der Macht bestens vertraut sind, wird es demnach höchste Zeit, auch im Cyberspace zu predigen.

Das Phänomen der Religion ist im Internet in ganzer Breite, von Gottes- bis zu Teufelsanbetern und mit allen möglichen (und unmöglichen) Glaubensrichtungen dazwischen, vertreten. Die drei Supercomputer des Vatikan tragen die Namen Raphael, Michael und Daniel und bieten rund um die Uhr eine Zusammenfassung des *L'Osservatore Romano*, eine tägliche Sendung mit Papst Johannes Paul II. sowie den größten Teil der Enzykliken und schriftlichen Verlautbarungen in sechs Sprachen zum Download an. Jacques Gaillot, ein progressiver katholischer Bischof aus Frankreich, den Rom als Strafe für seine liberalen Ansichten in eine abgelegene Diozöse versetzt hat, hat sich seine eigene und virtuelle Diozöse aufgebaut; denn »dort schreibt mir keiner vor, wie man mit den Leuten zu reden hat.« Gaillot gehört zu denjenigen Dissidenten unter den geistlichen Würdenträgern, die von der offiziellen Linie des Papstes am deutlichsten abgerückt sind, und sein Beispiel könnte nachgerade schulbildend sein für mögliche Oppositionsformen.

Diejenigen Kirchen und Staaten hingegen, die noch nicht im Netz präsent sind, empfinden das Fehlen dieser Art der Kommunikation mit ihren Gläubigen oder Bürgern zunehmend als Defizit. Gleiches gilt für Firmen und Geschäftsfelder. Dies legt den Schluß nahe, daß das Netz inwischen zu einem wichtigen Ort für die Veränderung in der konventionellen Beziehung zwischen »Administratoren« und »Administrierten« geworden ist. Ungeachtet seines anarchischen Charakters und seiner chaotischen Tendenzen versuchen hierarchisch organisierte Institutionen jeden Typs, dort ihr Terrain zu erobern. Fraglich bleibt, ob sie tatsächlich danach streben, sich diese neuen Organisationsformen anzueignen oder nur ihren Einfluß geltend machen wollen.

Während sie auf der einen Seite das Internet nutzen, um sich möglicherweise der neuen virtuellen Realtität anzunähern, haben staatliche Behörden auf der anderen Seite eine dringliche Aufgabe vor sich: seine Ausbreitung voranzutreiben und den Bürgern einen gleichberechtigten Zugang zu verschaffen, national wie international. Das ist keine leichte Aufgabe. Die Verschiedenartigkeit der Technologien und die Geschwindigkeit, mit der sie sich weiterentwickeln, fügt den Entscheidungen, die jetzt getroffen werden müssen – etwa hinsichtlich einer geeigneten Infrastruktur –, weitere Schwierigkeiten hinzu. Ein anderer typischer Konflikt betrifft die Frage der Glasfaserkabel. Die Anhänger des Neoliberalismus und eines erbarmungslosen Wettbewerbs zwischen den Telekommunikationsbetreibern verfechten in einigen Fällen die Notwendigkeit, zwei oder drei Hochtechnologienetze in ein und derselben Kommune zu verlegen. In den europäischen Ländern bedient man sich dafür oft aus der Staatskasse, und ein Großteil der Gelder aus den Etats der Bundesregierung, der Länder oder Gemeinden fließt in den Aufbau von Infrastrukturen, die bereits existierende verdoppeln, mit veralteter Technologie arbeiten oder gar eine Leistungsfähigkeit besitzen, die für die Bedürfnisse der fraglichen Region viel zu hoch ist. Ein gewöhnliches Glasfaserkabel kann Millionen von Megabits pro Sekunde verarbeiten.

Es ist unnötig und kostenintensiv, wenn man die Nutzung der terrestrischen und Satellitennetze allein dem Wettbewerb zwischen den Betreibern und den Anbietern von Inhalten überläßt. Denn falls man die prinzipiellen Entscheidungen darüber einfach nur dem Markt überantwortet, wird das einerseits an Orten mit relativ großem Bedarf (z. B. Bankenvierteln, Geschäftszentren oder Großunternehmen) zu einer dichten Konzentration von Technologien mit vielleicht sogar ungenügender Auslastung führen, während andererseits ein allgemeiner und fristgerechter Service für die breite Bevölkerung nicht garantiert werden kann.

Die staatlichen Behörden müssen eine Politik betreiben, welche es zuläßt, die Anstrengungen zu koordinieren und öffentliche wie private Mittel besser zu nutzen. Es erscheint wünschenswert, die Netzeigentümer auf der einen, die Carrier und die Content-Provider auf der anderen Seite strikt auseinanderzuhalten, wenn man Wettbewerbsfreiheit garantieren und zugleich die wirtschaftlichen Möglichkeiten maximieren will. Dabei muß man erneut mit dem Widerstand der Telefonmonopolunternehmen rechnen, die enorme Geldmassen mobilisieren können, wenn es darum geht, Politiker und Medien von der Qualität ihrer Geschäftsstrategien zu überzeugen.

Kurz und gut: Der Staat – »zu groß für die kleinen Dinge und zu klein für die großen«, um mit Daniel Bell zu sprechen – muß sich damit abfinden, daß Institutionen anderen Typs einen Teil seiner aktuellen Aufgaben übernehmen, und er dadurch sowohl auf nationaler als auch auf internationaler Ebene reale Macht an große Unternehmen verliert. Vielleicht geht es dabei um mehr als eine Übertragung, vielleicht entsteht sogar eine neue Art von Macht, mit bislang unbekannten Erscheinungsformen und der Tendenz zu immer stärkerer Konzentration. Es bleibt weiterhin die vorrangige Aufgabe der öffentlichen Behörden, darüber zu wachen, daß dieser Konzentrationsprozeß nicht zu Mißbrauch führt, und dabei Gesetze zu erlassen, die die privaten und verfassungsmäßigen Rechte seiner Bürger auch im Cyberspace schützen. Die Wahrung dieser Rechte sowie der Kampf gegen jegliche Art von Netzkriminalität erfordern Vereinbarungen und machen internationale Gebilde ganz neuer Prägung nötig. Demokratische Parteien und Bürgerrechtsgruppen müssen indes auf der Hut sein, daß diese Vereinbarungen nicht in eine Renaissance der Zensur münden.

Das Netz führt zu einer stufenweisen Dezentralisierung, der sich auch der Staat anpassen muß, wenn er überleben will. Eine Möglichkeit bestünde darin, Maßnahmen zu ergreifen, die einen praktisch universellen Zugang garantieren; eine andere Möglichkeit wäre, weniger hierarchiebetonte und pyramidale Regierungsmodelle zu entwerfen und umzusetzen. Einigen anderen Institutionen, die für das soziale Gefüge der Nationen von ebenso großer Bedeutung sind, etwa die Kirchen oder die akademische Welt, stehen ähnliche Veränderungen bevor. Alle sollten sie das gleiche Ziel anstreben: Nicht zuzulassen, daß sich die Cybernauten wie im platonischen Höhlengleichnis mit der Vorstellung begnügen, Herr und Meister ihres Raumes zu sein, während fremde Mächte diesen Raum ungestraft beherrschen.

4.

GELD REGIERT DIE WELT

Es gibt nichts Virtuelleres auf der Welt als Geld. Sein Tauschwert ist reine Konvention. Die Entwicklung der Finanzwirtschaft, die Fülle an Instrumenten, die ihr zur Verfügung stehen, der Niedergang der Gesellschaften, deren Basis die Industrie ist, sowie der gleichzeitige Aufschwung derer, die den tertiären Sektor vorantreiben, haben alle möglichen Marktinnovationen befördert. Die Tage der Geldmünze sind gezählt, und nur eine Art romantische Anhänglichkeit sichert ihr das Überleben; denn Münzen sind teuer in der Herstellung, schwer zu transportieren und haben gewöhnlich einen geringen Nominalwert.

Vor ein paar Jahrzehnten erlebte Italien, wie die Lira aus Nickel dem Geldkreislauf entzogen wurde. Dabei handelte es sich nicht etwa um eine Entscheidung der Behörden. Die vermutlich wahre Legende besagt, daß einige Industrielle aus dem Orient, Japaner oder Koreaner, sich darum bemüht hatten, alle derartigen Münzen aufzukaufen, um daraus den Rohstoff zur Fabrikation von Billiguhren zu gewinnen. Ob das nun stimmt oder nicht, auf jeden Fall mangelte es an Liquidität für Wechselgeld. Viele Kommunen beschlossen damals, für Minimalmengen eigene Bons oder Schuldscheine im Wert der Nickelmünzen auszugeben. An Tank- oder Mautstellen erhielt man dann als Rückgeld diese Papiere, welche zumeist nicht eingelöst wurden; wer Glück hatte, bekam ein Bonbon.

Die Erfindung von Papiergeld war ein bedeutender Beitrag zur Wirtschaftsgeschichte der Menschheit und löste einen starken Wachstumsschub aus. Anfangs waren die Geldscheine nichts weiter als Zahlungsdokumente, die durch einen Gegenwert in Form von Edelmetallen gedeckt waren; diese wiederum lagerten in den Truhen der Banken. Und diese Banken fanden schließlich heraus, daß es um so weniger nötig war, besagte Korrelation aufrechtzuerhalten, je mehr die Wirtschaft des jeweiligen Landes Liquidität und Solvenz dieser Dokumente garantierte. Die Münze hatte fortan keinen realen Wert mehr, sondern nur noch einen ungefähren Tauschwert, einen repräsentativen Wert.

Die ersten Kreditkarten wurden als Dienstleistung für die Wohlhabenden dieser Welt entworfen. Organisiert in Form von Klubs, genossen ihre Besitzer das Vertrauen der Geschäftsleute und konnten durch eine einfache Unterschrift »gültiges Geld« ersetzen. Aufgrund der gemachten Erfahrungen fand diese Methode schnell Verbreitung, und elektronisches Geld ist schon seit geraumer Zeit ganz selbstverständlich geworden, entweder als Plastikkarte oder in Form jener Orders, welche die Finanz-Jongleure über das Netz erteilen. Immer wieder kommt es an der Börse zu Desastern, weil die Geschäftemacher neuen Typs ihre Computer so programmieren, daß automatisch Kauf- oder Verkaufsentscheidungen getroffen werden, sobald ein bestimmtes Limit überschritten wird. Deshalb müssen sich auch junge Menschen, die in der Finanzwelt Erfolge feiern wollen, mehr ins Studium der Informatik vertiefen als in das der Wirtschaftswissenschaften.

Große Erfindungen und Entdeckungen erzeugen normalerweise eine Ausweitung des Handels, was wiederum der
Schaffung von Wohlstand und der Weiterentwicklung der
Menschen zugute kommt. So ist auch die Prophezeiung
nicht neu, daß die globale Informationsgesellschaft ungeheure Veränderungen im Geldwesen und bei der globalen
Organisation des Marktes bewirken wird (und bereits
bewirkt hat). Die industrielle Revolution setzte den Ak-
zent auf die Großindustrie und gab damit den Anstoß
zum Bau großer Fabriken. Die Informationsrevolution
hat, auch wenn die Produktionsprozesse mitbetroffen
sind, hauptsächlich Auswirkungen darauf, was Alexander
Broich Koordinationsökonomie nennt.[35] Deren Hauptmerkmal ist die Notwendigkeit, ausgehend von der der-
zeitigen Arbeitsteilung die verschiedenen am Produktions-
prozeß beteiligten Elemente so zu managen, daß am Ende
ein besseres Ergebnis erreicht wird. Die Kostensenkung
beim Informationsaustausch und dessen größere Geschwindigkeit werden das Verhältnis und das Zusammenspiel der Produktivkräfte optimieren. Deshalb wird kein
Unternehmen, gleichgültig auf welchem Produktionssek-
tor – und das gilt ganz besonders für die auf den Weltmarkt ausgerichteten – in Zukunft noch vernünftig arbeiten können, wenn es keine angemessene Infrastruktur für
die Informationstechnologien vorfindet. Diese wird zu einer Grundvoraussetzung seiner Handlungsfähigkeit.
Gemäß der Theorie von Broich existieren in einer modernen Wirtschaftsordnung zwei Basismechanismen zur Koordination sämtlicher Aktivitäten, die ein Funktionieren
des Systems überhaupt erst ermöglichen: Markt und Hierarchie. Der Markt hält die Verbindung zwischen Käufer
und Verkäufer in Gang und bestimmt die Preise durch das
Gesetz von Angebot und Nachfrage. Hierarchien sind
wesentlich für die industriellen Strukturen, die Organisa-

tion von Arbeit und das Funktionieren eines Unternehmens in seiner Gesamtheit. Die globale Informationsgesellschaft wird sich allerdings auf beide Mechanismen tiefgreifend auswirken. Güter-, Dienstleistungs- und Arbeitsmarkt werden genauso wie das Geldsystem substantielle Veränderungen erfahren. Firmen werden in ihrer internen Organisation immer abhängiger von den Aktivitäten anderer Unternehmen, zumindest was die Schaffung der Wertschöpfungskette betrifft. Der technologische Fortschritt läßt die Tendenz erkennen, daß sich die Koordination in diesen Punkten eher durch den Markt verbessern wird als durch hierarchische Entscheidungen, die von Führungskräften intern getroffen werden. Die Verteidiger des Wirtschaftsliberalismus mögen darin eine weitere Bestätigung dafür sehen, daß am Ausgang des Jahrtausends die unsichtbare Hand weiterhin triumphiert. Wenn sich aber niemand dieser Koordinationsmechanismen annimmt und ihnen eine Richtung vorgibt, besteht durchaus die Möglichkeit, daß diese Hand aufgrund der Schwächung des gesamten Systems erlahmt.

Das neue Einkaufsnetz

Niemand kann sich das moderne Leben ohne Einkaufsbummel vorstellen. Er ist nicht nur eine liebgewonnene Gewohnheit von uns allen, sondern eine wichtige Basis für die wirtschaftliche Entwicklung. Ohne blühenden Konsum ermattet der Handel, das ökonomische Leben läßt nach und das Wachstum stockt. Das ist zumindest die Philosophie, die den fortgeschrittenen Kapitalismus überhöht. Von Tag zu Tag wächst das Anrecht der Konsumenten auf Effizienz, Schnelligkeit und Sicherheit beim Austausch jeglicher Art. Allerdings nimmt diese Entwicklung keinen einförmigen Verlauf. Der wesentliche Unterschied zwischen dem Leben auf dem Land und in der Stadt besteht im Hinblick auf die Auswahl. Große Städte können das Angebot in unvorstellbarem Ausmaß erhöhen, während kleinere oder weniger entwickelte Märkte oft nur eine einzige Option anbieten. Wer einmal in Ländern der Dritten Welt gelebt oder unter dem Mangel der Nachkriegszeit gelitten hat, weiß nur allzu gut, daß ein Wirtschaftssystem, bei dem es ums reine Überleben geht, Wahlmöglichkeiten inmitten einer Produktvielfalt weder erlaubt noch erfordert. Als Distributionssystem von Gütern und Dienstleistungen könnte das Netz dieser Art von Diskriminierung zwischen opulenten Märkten und solchen, die jeweils nur ein Produkt anbieten, ein Ende bereiten.

Prinzipiell kann jeder unter verschiedenen Möglichkeiten auswählen, ganz gleich, ob er in New York oder in einem afrikanischen Dorf wohnt, vorausgesetzt, er ist ans System angeschlossen. In dem Maße, wie das Netz auf diese Weise das Angebot globalisiert, geschieht selbiges mit der Nachfrage. Dadurch kann man in jedem noch so weit entfernten Dorf im tropischen Regenwald ein Buch oder ein Auto direkt an jedem Produktionsort der industrialisierten Welt bestellen. Alles, was man dafür können muß, ist lesen und bezahlen.

Obwohl das Netz keine Atome sondern elektronische Impulse transportiert, kann die Information über die physischen Güter, die zum Verkauf stehen, durchaus vollständig sein. Der virtuelle Kunde, der sich für eine Wohnung interessiert, kann sie über seinen Computermonitor betreten, auf den Balkon hinausgehen und von dort aus die Landschaft betrachten; er kann sie in x-beliebiger Weise einrichten, den Preis erfragen und eine Hypothek aufnehmen, ohne sich von seinem Schreibtisch zu entfernen, allein dadurch, daß er auf der Tastatur seines Computers herumtippt und den Bildschirm betrachtet. Time Warner experimentiert in Orlando schon seit Jahren mit einfachen Interfaces, die man über die Fernbedienung des Fernsehers betätigen kann, damit alle Operationen bequem vom Sofa aus erledigt werden können. Güter wie Nachrichten, Musik, Computerprogramme und Filme, die in engerem Sinne nicht physisch sind und deren Natur sich mit den ureigenen elektronischen Grundlagen des Mediums deckt, können darüber hinaus über dasselbe Netz fast zeitgleich transportiert werden, ohne daß dadurch weitere Kosten entstünden. Die Systeme von Video-on-demand (zumindest near-on-demand), die in vielen Ländern bereits über Satellit oder Kabel betrieben werden, sind ein gutes Beispiel dafür, wie sich durch den technologischen Fortschritt das Dienstleistungsangebot erweitern und verbessern kann.

Läßt man einmal die technischen Probleme beiseite, für die man ohnehin alsbald eine Lösung finden wird, scheint sich der digitale Markt momentan auf Produkte zu konzentrieren, die leicht zu definieren sind und allgemeine Charakteristika aufweisen, die keiner weiteren Erklärung bedürfen. Die Möglichkeiten aber nehmen fast täglich um ein Vielfaches zu und geben zu der Vermutung Anlaß, daß sich die Art, wie wir einkaufen, in wenigen Jahren Schritt für Schritt entscheidend verändern wird. Nach den offiziellen Zahlen der US-amerikanischen Handelskammer machte 1997 der Internetsektor mit einem Umsatz von ca. 2,4 Milliarden Dollar etwa vier Prozent der Gesamtumsätze aus. Das mag immer noch lächerlich wenig erscheinen, ändert aber nichts an der Tatsache, daß sich immer mehr kleine Geschäfte mit der entsprechenden Ausrüstung versehen, um ihre Produkte auch über das Netz vertreiben zu können. In der Liste der Artikel, die auf diese Weise verkauft werden, tauchen ganz oben Bücher, Schallplatten, Blumen und Flugtickets auf. Im Augenblick gibt es in den USA kaum mehr als 200 000 Haushalte, die ihre Einkäufe regelmäßig über dieses System erledigen. Laut einer Studie, die Andersen Consulting für eine Gruppe von dreißig Unternehmen der Nahrungsmittelindustrie durchgeführt hat – unter ihnen auch Firmen wie Coca-Cola oder Nabisco – werden es im Jahr 2007 zwischen 15 und 20 Millionen sein. Viele Verbraucher werden ihre Gewohnheiten ändern und für den Erwerb der meisten Produkte ihren Computer benutzen.

An der aktuellen Entwicklung des traditionellen Handels sind diese Tendenzen bereits erkennbar. Interaktive Kioske, Produktkataloge auf CD-ROM, Bestellungen frei Haus über Computer oder Fernseher sind nur die ersten Schritte auf dem Weg zu einem echten elektronischen Markt in naher Zukunft. Angesichts dessen, was auf sie zukommt, haben die großen Kaufhäuser und kleinen Geschäfte auf eigene Faust den Kampf bereits aufgenommen. Einerseits greifen sie selbst im Netz ein, wohlwissend, daß eine eingeführte oder traditionelle Marke einen zusätzlichen Wert darstellt und beim Kunden für Glaubwürdigkeit sorgt. Der kann nämlich das Produkt nicht durch den Bildschirm hindurch befühlen. Dieses Handicap läßt sich selbst durch noch mehr Erläuterungen und Informationen nicht beseitigen, so daß ein Kunde, wenn er tatsächlich ein Produkt erwerben will, auf Kriterien angewiesen ist, auf die er seine Kaufentscheidung stützen kann. Ein bekannter Name ist deshalb Gold wert. Andererseits haben viele Geschäfte damit begonnen, innerhalb ihrer Lokalitäten elektronische Verkaufsräume einzurichten, um so den Eindruck zu erwecken, technologisch auf der Höhe der Zeit zu sein. Einige Musikgeschäfte haben bereits Geräte aufgestellt, mit denen man per Touchscreenverfahren

jeden Titel aus dem Schallplatten- oder Videokatalog auswählen und dann anhören oder ansehen kann. Andere
Geschäfte bieten ihren Kunden einen ganz besonderen
Service: Sie können über ein Intranet jedes beliebige Produkt aus dem Lager auswählen, mit ihrer Karte bezahlen,
nach Hause fahren und dort darauf warten, daß man das
Bestellte ein paar Stunden später anliefert. Eine Badearti-
kelkette mit Sitz in Houston hat die Maße ihrer Kunden in
einem Zentralcomputer gespeichert. Durch diese vertrau-
liche Information, zu der man ausschließlich durch sein
privates Kennwort Zugang hat, kann man einen Bikini
anprobieren, ohne sich ausziehen zu müssen. Das Schuh-
geschäft Measurably Better erstellt Kunden, die sich auf
das Procedere einlasssen, digitale Bilder ihrer Füße, die sie
an ihre Fabriken in Taiwan übermittelt, und der Vertrieb
kümmert sich schließlich darum, daß die maßangefertig-
ten Schuhe innerhalb einer akzeptablen Zeitspanne zuge-
stellt werden. Levi Strauss näht den Reisenden im Cyberspace Hosen nach Maß.

Dies sind zwar einige Beispiele dafür, was der umtriebige
Geschäftsgeist aus den Möglichkeiten der digitalen Technik macht, aber sie bedeuten noch keine Revolution. Die
fundamentalen Veränderungen ergeben sich vielmehr aus
der Tatsache, daß sich auch in der Geschäftswelt die Vorstellungen von Zeit und Raum auflösen oder sich zumindest doch verwirren. Der virtuelle Laden schließt nie und
versorgt einen immer transnationaleren Markt – sogar auf
Einzelhandelsbasis. Jeder mittlere oder kleine Kaufmann
eines europäischen Landes kann eine Kundenkartei in
Amerika oder Asien aufbauen, ohne daß ihm dadurch
zusätzliche Kosten entstünden.

Auch vor dem Internet gab es schon erfolgreiche Versuche, einen elektronischen Handel über das konventionelle
Fernsehen aufzuziehen. QVC (Quality Value Conveni-

ence), der erfolgreichste Sender auf diesem Sektor, hat einen Stamm von mehr als 50 Millionen Kunden. Man schätzt, daß die weltweiten Verkäufe über Bildschirmkataloge auf mehr als 100 Milliarden Dollar ansteigen werden. Es ist anzunehmen, daß die Interaktivität ein noch schnelleres Wachstum erlauben, aber auch das Ökosystem des Cyberspace angreifen wird. Die Werbung im Netz, die einige Zeit gebraucht hat, um aus den Startlöchern zu kommen, wird allmählich immer aggressiver, und es existieren über den traditionellen Verhaltenskodex hinaus keinerlei Normen, nach denen sie sich richten müßte. Unerwünschte Post verstopft die elektronischen Briefkästen, während gewiefte Werbestrategen Methoden entwickeln, mit denen sie den Verbraucher an sich binden können, indem sie ihm, oft gegen seinen Willen und ohne sein Wissen, die elektronische Adresse entlocken.

Dies sind nicht die einzigen vorhersehbaren Mißstände. Kritiker des *Homebuying* argumentieren, daß ein Einkauf vom eigenen Wohnzimmer aus zu einer wenig wünschenswerten Isolation führen wird. Einkaufen ist ein sozialer Akt, bei dem man nach draußen geht, mit anderen Leuten in Kontakt kommt und ein Schwätzchen hält. Oft ist die ganze Familie beteiligt, und der Einkauf bildet den Auftakt für die Freizeitaktivitäten des Wochenendes. Die großen Einkaufszentren allerorten unternehmen große Anstrengungen, sich zu einer Art Vergnügungspark zu mausern, um so einen größeren Anreiz zu schaffen, sich dorthin zu begeben. Nachdem eine große Krise zu vielen Schließungen geführt hatte, erleben wir nun eine Wiedergeburt des Kinos, allein dadurch bedingt, daß man sie in der Nähe von Supermärkten eröffnet hat. Zum einen profitieren diese Kinos davon, daß so viele Menschen in die Einkaufszentren strömen, um dort den wöchentlichen Einkauf zu erledigen, ein Kleid oder Möbelstück zu kaufen, im Restaurant essen zu gehen oder eben einen Film anzuschauen. Zum anderen profitieren diese Vergnügungsstätten, sobald die Geschäfte geschlossen sind, von den vielen Parkplätzen. Die Abkapselung des Reisenden im Cyberspace und seine Distanz gegenüber der realen Gesellschaft wird sich in dem Maße erhöhen, wie er erkennt, daß man all diese Dinge, oder zumindest viele davon, auch im stillen Kämmerchen erledigen kann, ohne sich nur im geringsten bewegen zu müssen.

Ein weiterer Nachteil des elektronischen Handels ist seine negative Auswirkung auf den Verkauf von Produkten, die direkt die Sinne ansprechen. Nehmen wir zum Beispiel die Süßigkeiten, die Väter für ihre Kinder an den Ladenkassen kaufen. Es ist ein verkaufsförderndes Mittel, die Leute im Geschäft anstehen zu lassen. Sobald dieses nur noch halbvoll wäre, weil viele Kunden zum elektronischen Einkauf übergingen, würde der Konsum jener Dinge rapide sinken, die man spontan kauft, weil man sie sieht, riecht, berührt oder weil sie unterwegs die Aufmerksamkeit erregen und nach einer sofortigen Bedürfnisbefriedigung schreien.

Bei derlei Nachteilen muß man aber andererseits berücksichtigen, welche Verbesserungen für die Distributionskanäle zu erwarten sind. Die neuen Technologien erlauben es, Zwischenhändler zu ersetzen, was zu sinkenden Endpreisen führt. Dadurch, daß der Käufer direkt das Angebot des Herstellers einholen kann, wird die klassische Zwischenhandelskette Großhändler / Einzelhändler aufgebrochen. Die Wahrscheinlichkeit, daß beide über kurz oder lang aussterben, ist zwar nicht besonders hoch, es ist aber durchaus möglich, daß ein Glied der Kette ums Überleben kämpfen muß. Die Art des Produkts wird von Fall zu Fall entscheiden, wer das sein wird. Genau wie es bei jeder Transaktion einen Nutznießer gibt, wird das

Streichen von ein oder zwei Etappen der gesamten Strecke dem Verbraucher eine gehörige Geldersparnis einbringen. Die Veränderung wird einige Zeit dauern und nicht gleichförmig vonstatten gehen. Bevor sie mit den alten Vertriebssystemen brechen, werden die Produkthersteller erst einmal mit aller Vorsicht abwarten, bis ein elektronischer Markt geschaffen ist, der sich als ergiebig genug erweist, um die eventuell sinkenden Verkaufszahlen bei den traditionellen Methoden aufzufangen. Eine ihrer Strategien wird eventuell darin bestehen, wie im Fall des Katalog- oder Sommerschlußverkaufs Zweitmarken einzuführen, um mit ähnlichen Produkte Kanäle parallel zu den bereits existierenden zu schaffen. Bei den Dienstleistungen wird sich das Verschwinden von Zwischengliedern wesentlich stärker bemerkbar machen. Reisebüros zum Beispiel fühlen sich einem immer stärker werdenden Druck ausgesetzt, weil Fluglinien, Hoteliers und andere Anbieter darauf drängen, einen direkten Zugang zum Kunden zu erhalten. Auf dem Finanzsektor werden die Versicherungsgesellschaften nicht mehr diese Unmenge von Vertretern benötigen, auf die sie heute noch zurückgreifen und deren Fähigkeiten zudem den neuen Gegebenheiten angepaßt werden müssen. Banken werden die Anzahl ihrer Filialen reduzieren, wenngleich es auch noch Kunden geben mag, die das Gespräch mit dem Angestellten als eine Art Gewähr für die Verläßlichkeit des Unternehmens durchaus wünschen. Zusammengefaßt läßt sich also sagen, daß die Zwischenglieder auf dem Dienstleistungssektor zukünftig weniger den klassischen Großhändlern gleichen, sondern vielmehr eine Beraterfunktion einnehmen, sei es für andere Unternehmen oder ihre eigenen Kunden. Gerade wenn es darum geht, Präferenzen zu ermitteln, werden Berater den Zugang zu einer enormen Datenmenge zu nutzen wissen.

Der elektronische Handel wird dazu beitragen, die Kosten für die Koordination des Marktes zu senken, und das betrifft die Beziehung zwischen Produzenten und Händlern genauso wie jene zu den Kunden. Da sich die räumlichen und zeitlichen Beschränkungen auflösen – es gibt keine Öffnungszeiten und keine Grenzen mehr – und sich die Wahlmöglichkeiten erhöhen, werden die Verbraucher mehr Einfluß auf das Produktionssystem ausüben können. Über Jahrhunderte hinweg war es unter dem symbolischen Deckmäntelchen des freien Marktes immer das Angebot, das die grundsätzlichen Entscheidungen auf dem Gebiet der Produktion bestimmt hat. Das Phänomen führte besonders in Ländern mit zentraler Wirtschaftslenkung zu Extremen und nahm geradezu lächerliche Formen an, hatte aber auch in der kapitalistischen Welt seine perversen Auswirkungen, vor allem dort, wo große Unternehmen mithilfe eines ungeheuren Werbeaufwandes in hohem Maße den Konsum steuerten.

Wenn die Nachfrage die Produktion mitsteuert, hat das durchaus einen demokratisierenden Aspekt innerhalb des sozialen Ganzen, denn es geht einher mit dem Abbau des hierarchischen Bewußtseins im Wirtschaftssystem. Die sinkende Relevanz der Zwischenhändler ist so gesehen vergleichbar mit dem geringeren Gewicht, das repräsentative Elemente im heutigen politischen Leben haben. Direkter Markt und direkte Demokratie sind zwar zwei Paar Stiefel, haben aber durchaus die Tendenz, sich einander anzunähern. Nun, Konsument ist nicht gleich Staatsbürger. Er hat kein Gemeinschaftsgefühl verinnerlicht und übernimmt für seine Taten auch keinerlei Verantwortung. Es sind nicht Altruismus oder Solidarität, die ihn antreiben, sondern der reine Egoismus. Aber es kann heutzutage auch niemand mehr Staatsbürger sein, der seine Rechte als Konsument nicht wahrnimmt. Wenn sich die Wahlmöglichkeiten erhöhen, wird sich auch der Lebensstandard verbessern, und folglich werden auch die politischen Rechte zunehmen. Dennoch finden die Gefahren eines direkten Marktes ihre Parallelen in der parlamentarischen Demokratie. Genauso wie diese das Risiko in sich birgt, daß im Namen der Mehrheit Garantien und Rechte des Individuums verletzt werden, führt die Transformation der Wertschöpfungskette innerhalb des Produktionsapparates nicht unbedingt zu einer Qualitätsverbesserung.

Der elektronische Markt kann dazu beitragen, Transaktionen transparenter zu machen und so die Gewinnspannen besser auszutarieren. Von dieser Warte aus begünstigt er zwar den Verbraucher, ist aber von der Idee eines perfekten Marktes, nach der die Preise das Ergebnis des freien Spiels zwischen Angebot und Nachfrage sein sollten, immer noch weit entfernt. Produzenten werden erleben, wie sich ihr Markt in universellem Maßstab ausdehnt, was den Konzentrationsprozeß sowohl in der Industrie als auch bei den Dienstleistern vorantreiben wird. Nur die Stärksten werden ein Angebot erzeugen können, das eine Nachfrage befriedigen kann, die ihrem Wesen nach global ist. Nur die Mächtigsten werden über die dafür nötigen finanziellen Mittel verfügen. Das wird unweigerlich zur Konsequenz haben, daß sich die Zahl der Hersteller verringern wird und diese sich einfacher strukturieren sowie Unterschiede untereinander abbauen müssen. Die Interaktivität wird uns trotzdem in der Illusion belassen, daß wir unsere Konsumprodukte durch die Kombination der angebotenen Varianten individueller gestalten können, ähnlich wie es in den vergangenen Jahren die Automobilindustrie vorgeführt hat. Dies wird zu einer Homogenisierung im Konsumverhalten beitragen, mit allen unvermeidlichen kulturellen Konsequenzen.

E-Money makes the world go round …

Die Entwicklung hin zu diesem Stadium scheint unvermeidbar, wird aber länger als vorgesehen dauern, sofern man im Netz nicht die Zahlungsmethoden und deren Sicherheit perfektioniert. Obwohl wir uns an den Umgang mit elektronischem Geld in seinen verschiedenen Formen bereits gewöhnt haben, und trotz der Differenz zwischen dem materiellen und repräsentativen Wert von gedrucktem Geld, haftet diesem in unseren Augen immer noch etwas Magisches an. Es stellt in einem ganz physischen Sinne ein faßbares und eintauschbares Gut dar, was besonders in Krisenzeiten zum Tragen kommt. Immer noch haben wir einen primitiven Zug in uns, der uns auf Münzen und Scheine mehr vertrauen läßt als auf andere Zahlungsmittel. So macht es ja auch keinen Sinn, ein Scheckheft oder eine Kreditkarte unter einem Stein zu verstecken. Dessen ungeachtet hat sich deren Gebrauch ungeheuer ausgeweitet, und so gleichen sie elektronischen, mit Mikrochips versehenen Geldbeuteln, die alle möglichen Operationen erlauben. Die Vorteile zeigen sowohl bei den Kunden als auch bei den Händlern und Banken Wirkung. Sie verringern die Gefahr von Fälschungen oder Überfällen auf die Geschäfte und verschaffen den Banken eine höhere Liquidität. Als Zahlungsmittel im Internet ist die Kreditkarte aber noch ernstlich umstritten. Denn während der Datenübertragung passieren die Kreditkarteninformationen auf dem Weg zu ihrem Ziel verschiedene Systeme und Knotenpunkte. So kann es leicht geschehen, daß jemand diese Daten unterwegs ausspioniert und für sich selber nutzt. Die Softwarefirmen haben verschiedene Verschlüsselungsmethoden entwickelt, die eine absolute Vertraulichkeit der übermittelten Daten garantieren; dennoch ist das Mißtrauen der Nutzer nach wie vor groß. Unsere Namen, unsere Adresse, die Geheimnummer unseres Bankkontos und weitere persönliche Daten in ein anonymes Netz einzuspeisen, sowie die Tatsache, daß unsere geschäftlichen Transaktionen registriert werden, widerstrebt unserer Vorstellung von Privatheit. Dieselben Probleme entstehen beim Abschluß von elektronischen Verträgen, wo die Unterschrift durch einen elektronischen Authentifizierungscode ersetzt werden muß, der öffentliche und geheime Zugangsschlüssel kombiniert. Es geht dabei darum, die Identität der Personen und den Inhalt des Vereinbarten zu schützen. Eine andere Methode besteht darin, Zertifizierungsbehörden einzurichten, echte elektronische Notare, die Nachrichten beglaubigen.

Die elektronische Standardisierung der Zahlungsmethoden im Cyberspace erleichtert den Steuerbehörden und Finanzinstitutionen die Kontrolle der Bürger. In einer Welt, die vom kapitalistischen Geist beseelt ist, ist nichts geheimer und persönlicher als die ökonomische Situation eines jeden Einzelnen. Der Überlebensinstinkt ist eng mit der Idee von Eigentum verknüpft, und gerade vom Netz geht eine Dynamik aus, die unser Gefühl von Sicherheit auf diesem Gebiet ins Wanken bringt. Einerseits besteht der Verdacht, daß jegliche Diskretion aufgehoben wird und wir folglich auch die souveräne Kontrolle über unsere Handlungen verlieren könnten. Andererseits haben Hierarchieabbau und Chaos viele Aspekte, die uns durchaus attraktiv erscheinen, wenn sie nur nicht unser Eigentum antasten. Genau deshalb haben Grundbesitz und Edelmetalle als sichere Form von Investitionen gegenüber der Flüchtigkeit der Finanzmärkte die Zeit überdauert, obwohl letztere doch viel mehr Rendite abwerfen. Wir können uns also vorstellen, daß das elektronische Geld nicht zur vollständigen Abschaffung des Münzgelds führen wird. Trotzdem bedroht es auf paradoxe Weise das Geldwesen.

In einer entwickelten Ökonomie ist Geld reine Information. Für große Vermögen oder Schätze benötigt man heute keine Tresore mehr. Die Goldreserven der Länder verlieren angesichts der neuen Geldemissionen, die je nach Kreditwürdigkeit und voraussichtlichem Wirtschaftswachstum ausgegeben werden, beträchtlich an Wert. Die Flüchtigkeit der Investoren, die sich im Netz mit Lichtgeschwindigkeit bewegen und dabei Milliarden von Dollar in Sekundenschnelle zwischen den Kontinenten hin- und herschieben, erschüttert immer öfter die Märkte. Vor mehr als fünfzig Jahren vereinbarten die Verantwortlichen der mächtigsten westlichen Staaten im Abkommen von Bretton Woods Verhaltensregeln, die für ein sicheres und stabiles Funktionieren des Währungssystems sorgen sollten. Diese Vereinbarungen greifen aber nicht mehr, weshalb die Regierungen fieberhaft nach neuen Wegen suchen, um dieses Abkommen der gegenwärtigen Realität anzupassen. Das Problem besteht darin, daß ein globaler Markt eine globale Währung braucht. In den vergangenen Jahrzehnten hat der Dollar diese Rolle weitgehend übernommen, und jetzt stellt sich die Frage, ob mit der Geburt des Euro zumindest eine Alternative bereitsteht. Es mehren sich die Stimmen, wonach andere, weniger verläßliche Währungen aus dem Netz verschwinden sollten.

Heute besitzen die Zentralbanken der verschiedenen Länder das Monopol für die Ausgabe von Geldscheinen. Indem sie die verschiedenen Zinswerte festlegen, bestimmen sie die Liquidität des Systems, wachen über die Reserven und darüber, daß Banken und andere Finanzinstitutionen für ihre Geldquellen garantieren. Für die elektronische Währung gelten diese Vorsichtsmaßnahmen, die im übrigen sowieso nur auf freiwilliger Übereinkunft beruhen, vorerst nicht. Die Frage ist: Wer ist berechtigt, eine digitale Währung in Umlauf zu bringen? Wenn jeder nach Belieben umsetzbare Geldinstrumente einführen darf, wie das einige nordamerikanische Experten vorschlagen, würde das die Möglichkeit schaffen, vom Netz aus das Währungssystem auszuhebeln. Es existieren allerdings kaum Instanzen, die einer solchen Aufgabe gewachsen wären. Zu den wenigen gehören beispielsweise die Einkaufszentren. Seit einiger Zeit schon verhalten sich deren Betreiber so, als handele es sich dabei um regelrechte Finanzinstitute. Sie erleichtern ihren Kunden Ratenkäufe und Zahlungsziele, während sie gleichzeitig die Zahlungen an die Lieferanten verschleppen. E-Commerce erweitert ihren Spielraum noch, und das um so mehr, wenn sich mehrere dieser virtuellen Supermärkte untereinander koordinieren. Das Zahlungsinstrument Kreditkarte – und viele Kaufhäuser bieten ihren Kunden diesen Service ja bereits an – könnte das im Umlauf befindliche Geld ersetzen, wenn Hersteller oder Dienstleister von Weltruf sich in diesem Sinne einigten. Die Emission einer elektronischen Werteinheit als Zahlungsmittel für bestimmte Güter und Dienstleistungen wäre durchaus eine Methode, Kunden an sich zu binden.

Wenn nun Banken diesem Beispiel folgten, wäre das Geldwesen ernsthaft bedroht. Die Zentralbanken schreiben den Handelsbanken vor, eine Mindestreserve anzulegen, und von dieser hängen zum großen Teil die Zinssätze ab. Diese Vorsichtsmaßnahme existiert für das elektronische Geld im Netz nicht. Wenn die internationalen Händler und Hersteller in Zusammenarbeit mit einigen Bankinstituten beschlössen, diese elektronische Werteinheit als börsenfähiges Zahlungsmittel in Umlauf zu bringen, bliebe den Zentralbanken, wenn sie das Kontrollmonopol für die Geldemission behalten wollen, nur noch die

Möglichkeit, selbst eine Form von digitalem Geld mit legalem Wechselkurs zu schaffen. Diese neue Devise würde, da Transaktionen in Echtzeit getätigt werden können, die Liquidität des Geldkreislaufes erhöhen und den Einheitswert in bisher unvorstellbarem Ausmaß aufsplittern. Aus diesem Blickwinkel betrachtet, würden der Markt und die Preisbildung wesentlich transparenter.

Die fiskalpolitischen Unruhen, die die Welt in den letzten Jahren erlebt hat, sowie die Mobilität des Geldes machen nur allzu deutlich, wie enorm der Einfluß der Kombination aus Telekommunikation und Informatik auf das moderne Finanzsystem ist, und wie häufig sich dieses System der Kontrolle durch nationale und internationale Behörden entzieht. Es ist dennoch wichtig, daß sich diese Behörden um brauchbare Abkommen bemühen, die im Rahmen einer globalen Wirtschaft eine kontinuierliche Entwicklung und einen sicheren Handel garantieren. Die Informationsgesellschaft bietet dafür neue Möglichkeiten, gibt aber auch Spekulanten und Abenteurern mächtige Werkzeuge an die Hand. Bekannt geworden ist der Fall Vladimir Levins, der vom Computer seines Büros in St. Petersburg aus das Sicherheitssystem der New Yorker Citibank knackte, in die Konten ihrer Kunden eindrang und 2,8 Millionen Dollar auf seine eigenen Konten in Kalifornien und Israel überwies.

Jeder Cybernaut weiß, daß es im Netz eine Unmenge an Werbung und Angeboten gibt, die leicht verdientes Geld versprechen, und man kennt auch schon das »Schneeballsystem«, mit dem Leichtgläubige gelockt werden sollen. Das Problem besteht nach wie vor darin, daß die Unterscheidung oftmals schwer fällt, ob die Nachrichten zuverlässig und vertrauenswürdig sind, die angebotene Dienstleistung ein kompetenter Service oder doch nur eine betrügerische Masche ist.

Auf jeden Fall wird die Schaffung von elektronischem Geld und die Leichtigkeit, mit der man es von einem Land in das andere transferieren kann, die Neigung der Finanzwirtschaft zu Übertreibungen erhöhen und dazu führen, daß Produktion und Finanzwirtschaft noch stärker voneinander abgekoppelt werden. Börsencrashs nehmen aufgrund der Geschwindigkeit der Prozesse zwar an Häufigkeit zu, werden dadurch aber auch kürzer. Das Gesamtsystem jedoch läßt das janusköpfige Gesicht der zukünftigen Gesellschaft noch stärker hervortreten. Die sogenannte Asienkrise Ende 1997 ist ein gutes Beispiel dafür; denn das, was dort geschehen ist, kann man nicht mehr nur als einen einmaligen Ausrutscher bezeichnen, sondern muß es im Gegenteil als ein gewöhnliches Verhaltensmerkmal der zukünftigen Kapitalmärkte ansehen.

Wo ist mein Büro?

Was im Warenkreislauf die schwindende Rolle der Zwischenhändler ist, das ist der Abbau des mittleren Managements in den Unternehmen. Die Koordination von Führungsspitze und Mitarbeitern kann direkter und schneller ablaufen, je mehr man alle in die Lage versetzt, im Netz zu arbeiten. Information kann von unten nach oben fließen und umgekehrt, ohne daß es nötig wäre, sie zu interpretieren oder manipulieren. Die Tendenz zu nicht-hierarchischen Strukturen hat auch Auswirkungen auf die internen Beziehungen in den jeweiligen Unternehmen, die dadurch durchlässiger und horizontaler werden. Arbeitnehmer haben direkten Zugang zu ihren Chefs, ohne vorher bei der Sekretärin einen Termin vereinbaren zu müssen, können ihre Standpunkte darlegen und Beschwerden vortragen. Information fließt in alle Richtungen. Die partizipativen Elemente des Internets reproduzieren sich vorteilhaft im Intranet, im Herzen der Unternehmen selbst. Natürlich reproduzieren sich auch die Gefahren.

Die Privatsphäre der Angestellten kann jederzeit verletzt werden, wenn man nicht zu Abmachungen kommt, die verhindern, daß sich Führungskräfte einer Firma als Wächter ihrer kleinen Welt aufspielen. Durch die internen Netze eröffnen sich große Kontrollmöglichkeiten, die vom Personalchef oder dem Arbeitgeber ausgenutzt werden können, sind diese doch die Eigentümer der Infrastruktur, der Endgeräte, der Zugangspaßwörter und der Informationsinhalte. Die innovativeren Manager werden das Potential, das in der Selbstorganisation schlummert, und die entsprechend größere persönliche Verantwortung jedes einzelnen Angestellten zweifellos zu nutzen wissen, indem sie Entscheidungsprozesse dezentralisieren und Delegationsmöglichkeiten einführen, die ihnen die Technologie beschert.

Gerade die kleineren und mittleren Unternehmer dürften die neue Situation am besten nutzen können. Wenn sie ihr kleines Geschäft oder Dienstleistungsunternehmen im virtuellen Universum aufbauen, können sie der Zahlung vieler Gebühren und Steuern entgehen und ersparen sich nebenbei die Verhandlungen mit den örtlichen Behörden oder anderen Bürokraten, die sonst Voraussetzung für das Funktionieren ihres Geschäfts sind. So bedienen sie außerdem Kunden, die geographisch weit verstreut wohnen, wodurch ihre Umsatzerwartung steigt.

Aus dem Wandel der Arbeitsformen ergeben sich indes weitreichende organisatorische Veränderungen bei den Unternehmen. Die Infobahnen bieten vielen Angestellten grundsätzlich die Möglichkeit, ihren Arbeitsplatz überall auf der Welt einzurichten und dennoch weiterhin am Firmensitz und in Echtzeit präsent zu sein. IBM beispielsweise hält es mit seinen Softwareprogrammierern und Kreativen schon seit Jahren so. Die Möglichkeit, die Aktivitäten vieler, über den ganzen Erdball verstreuter Menschen zu synchronisieren, erlaubt es, neue Formen der Berufsausübung zu entwickeln, was wiederum Auswirkungen auf das Selbstverständnis der Unternehmen haben wird.

Telearbeit ist aber nichts für jedermann. Sie erfordert einen ganz bestimmten Typus von Beruf und Fähigkeiten, die nicht alle Menschen besitzen. Die Anzahl der Dinge, die fernab vom sozialen Zentrum eines Unternehmens erledigt werden können, wird um so größer, je stärker die entsprechenden Infrastrukturen wachsen und das Qualifikationsniveau ihrer Nutznießer zunimmt. Wir erleben, wie sich zwischen den Generationen eine Kluft auftut, welche diejenigen, die einen Computer zu bedienen wissen, von denjenigen trennt, die dies nicht können. Diese Unterschiede werden immer stärker zunehmen; denn während die Arbeitskräfte in fast allen entwickelten Ländern immer älter werden, werden die Technologien immer jünger. Dadurch entsteht auf diesem Gebiet ein praktisch grenzenloser Bedarf an Weiterbildung. Es ist notwendig, die gesamte Bevölkerung das gesamtes Erwerbsleben über zu schulen, wenn wir allen reelle Chancen auf einen Arbeitsplatz sichern wollen. Andernfalls werden die lautstarken Versprechungen, die Arbeitslosigkeit zu bekämpfen, nur eine leere Hülse bleiben, pure politische Propaganda.

Bislang beschränkte sich unsere Erfahrung mit »Fernarbeit« auf solche Formen, die mit dem technischen Fortschritt gar nichts, mit Arbeitsgesetzen und Gewerkschaftsmacht jedoch sehr viel zu tun hatten. Viele Produktionszweige, vor allem im Textil- und Schuhgewerbe, greifen auf billige Arbeitskräfte (z. B. Kinder) gerade in den Ländern zurück, die die Rechte von Arbeitern mißachten und deren Lohnniveau teilweise nur ein Zehntel so hoch ist wie am Standort des Unternehmens, an dem es seine Verkäufe tätigt. Die gegenwärtige Ausbeutung der Dritten Welt basiert im Gegensatz zur Vergangenheit nicht mehr darauf, die zu Produkten verarbeiteten Rohstoffe im Mutterland teuer zu verkaufen, sondern darauf, in den reichen Ländern jene Güter zu vermarkten, die mithilfe von billigen Arbeitskräften in armen Ländern hergestellt wurden. Diese alternative Verlagerung von Industrien, bei der ausbeuterische und verwerfliche Praktiken an der Tagesordnung sind, kann jedoch in letzter Konsequenz auch einige positive Effekte für die Entwicklung der betroffenen Länder zeitigen, vor allen Dingen dann, wenn in *human capital* investiert wird und es mittelfristig zu einer Veränderung des Produktionsnetzes kommt. Was sich dabei aber keinesfalls verändert, ist die archaische Auffassung von industriellen Zusammenhängen. So werden lediglich die Lohnkosten gesenkt und die Standorte der Fabriken verlegt.

Im gleichen Maße, wie Telearbeit innerhalb der Firmenorganisation Anwendung findet, wird sie die traditionelle Unternehmenskultur zum Aussterben bringen. Als soziales Umfeld ist die Firma neben der Familie und der Schule diejenige Umgebung, in der sich die meisten menschlichen Aktivitäten abspielen. Die Firma bedeutet mehr als nur einen Arbeitsplatz, sie ist auch Raum für zwischenmenschliche Beziehungen und nicht zuletzt der Ort einer gemeinsamen kreativen Anstrengung. Autoritäre und populistische Regime haben diese Vorstellung von einer Firma als einem Ort, an dem Menschen auf ein gleiches Ziel eingeschworen sind, des öfteren dazu benutzt, um Ausbeutungsverhältnisse zu verschleiern. Das Stereotyp der »großen Familie« hat schließlich unter dem Deckmäntelchen des Paternalismus eine Vorstellung von Solidarität ausgehöhlt, die fundamental für jede unternehmerische Aktivität ist. Darunter verstand man bis vor kurzem das

Zusammenspiel von Kapital und Arbeit zur Herstellung eines Produkts oder zur Bereitstellung einer Dienstleistung. Beides reicht aber nicht mehr aus, wenn man nicht auch Information hinzuzählt, den dritten echten Pfeiler im unternehmerischen Gesamtgebäude.

Wenn man sich in Zusammenhang mit der Strukturierung des Produktionsapparates Information auf dem gleichen Level denkt wie investiertes Geld oder Arbeitskraft, versteht man erst das Wirkungspotential, das der technologische Fortschritt haben kann. Die Dezentralisierung intellektueller Arbeit, ob nun kreativer oder administrativer Natur, ist ein Gebot der Zeit. Ein großer Herstellungsbetrieb kann sein Produktionszentrum in einem Land haben und seine Buchhaltung in einem anderen (oft wird auch das Kapital dezentralisiert, freilich aus Motiven, über die man nicht so gerne spricht). Es ist gar nicht nötig, auf die großen und offensichtlichen Beispiele zurückzugreifen, wenn man darauf hinweisen möchte, daß von jetzt an viele kleine Unternehmen einzeln oder als Belegschaft Leute einstellen können, die ihrem Tätigkeitsprofil nach nicht am Firmensitz anwesend sein müssen oder zumindest nicht jeden Tag. Die physische Abwesenheit wird bei weitem durch die virtuelle Anwesenheit aufgewogen, die außerdem für beachtliche Einsparungen sorgt. Firmen, die auf Telearbeit setzen, brauchen zum Beispiel keine großen Räumlichkeiten mehr, was die Mietkosten und Investitionen in Büromöbel beträchtlich senkt. Die holländische Versicherungsgesellschaft Interpolis gibt an, daß sie auf diese Weise 25 Millionen Dollar eingespart hat. Der Aufsichtsrat beschloß, für die fünfhundert Mitarbeiter in Verwaltung und Vertrieb keinen Firmensitz zu errichten. Diese Mitarbeiter haben kein eigenes Büro mehr, sondern arbeiten in Räumlichkeiten mit offenem Design, ausgestattet mit Mobiltelefonen und tragbaren

Computern.[36] Auch die häufigen Fehlzeiten am Arbeitsplatz können reduziert werden, indem man auf die virtuelle Anwesenheit der Angestellten setzt, die so in den Genuß von mehr Freizeit kommen, ihren häuslichen Pflichten nachgehen können und nicht mehr täglich zwei bis drei Stunden damit zubringen müssen, zum Büro und wieder nach Hause zu fahren. Sie geben weniger für Transportmittel aus, und ihre geringere Mobilität trägt womöglich dazu bei, daß die Verkehrsverstopfung in den Städten ein wenig abnimmt (wenngleich die diesbezüglichen Erfahrungen eine solche Voraussage Lügen strafen).

Vorahnungen dieser Art waren den Behörden vieler Länder Anlaß genug, einen Anreiz für Telearbeit zu schaffen und sogar die Einführung von Stadtteilhäusern oder Teleports zu fördern, um dem Arbeitnehmer eine Anlaufstelle zu bieten, die zwischen dem Unternehmen und seinem Zuhause liegt, nur damit er sich durch die Tatsache, nicht mehr physisch am Arbeitsplatz anwesend zu sein, nicht allzu entwurzelt fühlt. Indes steigt täglich die Zahl derjenigen, die sich zuhause ein Zimmer einrichten, welches ausschließlich als Büro dient und zumindest über eine eigene Telefonleitung, ein Fax und ein Modem verfügt. Wenn man dem noch ein Videokonferenzsystem hinzufügt, mit dem man allmorgendlich an den Konferenzen mit den Vorgesetzten bzw. Mitarbeitern, den Kollegen, Kunden oder Lieferanten teilnehmen kann, wird sich erst erweisen, bis zu welchem Punkt man zuhause die gleichen Dinge wie in der Firma erledigen kann, aber in kürzerer Zeit und mit weniger Druck von außen. So argumentieren zumindest die Anhänger der Methode, die wie selbstverständlich davon ausgehen, daß ein Telearbeiter dazu fähig ist, sich seine Zeit einzuteilen und sich aufgrund der größeren Autonomie, die das mit sich bringt, spielend leicht in ein System flexibler Arbeitszeiten einzufügen.

Diese Propagandisten verschweigen allerdings, daß sich die Idee der Freizeit selbst verflüchtigt. Wer vierundzwanzig Stunden am Tag und an sieben Tagen die Woche mit dem zentralen Büro verbunden ist, kann sich seine Freiheit abschminken. Da es keine Beschränkung der Arbeitszeiten gibt, sind Chefs nur allzu sehr geneigt, den Arbeitstag ihrer Mitarbeiter auszudehnen, die sie ja für jederzeit verfügbar erachten. Diese wiederum werden eine unglaubliche Selbstdisziplin entwickeln, die nicht unbedingt positiv sein muß. Das Streben nach Erfolg und das Konkurrenzdenken wachsen in der Isolation, ohne Kollegen und Kolleginnen. Dennoch betrachten viele diese Situation als ein erstrebenswertes Ziel und fühlen sich dadurch stärker motiviert. Zahlreiche Studien belegen, daß Produktivität und Zufriedenheit zunehmen. Die Frage ist nur, wie lange, denn das physische Getrenntsein vom Rest der Firma verschafft einen grundsätzlichen Nachteil, wenn es um Beförderungen und Aufstiegschancen geht.

Gewerkschaften in Bedrängnis

Bei der Einstellung zur Telearbeit ist entscheidend, ob jemand sich freiwillig dazu entschlossen hat oder nicht. Wenn Unternehmen ihre Mitarbeiter zwingen, den Arbeitsplatz nach Hause zu verlegen, werden sie Schwierigkeiten mit den Gewerkschaften bekommen, die eine Fragmentierung des Umfelds und eine Individualisierung des Arbeitsplatzes als irreparablen Verlust betrachten. Tatsächlich liest sich alles, was mit der neuen Situation zu tun hat, wie eine Verschwörung gegen das traditionelle Selbstverständnis einer Gewerkschaft. Wenn Beziehungen informeller werden, Menschen zur Selbstdisziplin erzogen und Hierarchien in Frage gestellt werden, dann spüren

Machtzentren jeglicher Art, wie der Boden unter ihren Füßen wankt.

Natürlich können auch die Arbeiterorganisationen versuchen, sich selbst über das Netz weiter auszudehnen, internationaler zu werden und Rechtsansprüche dort anzumelden, wo sie entstehen, aber für ihre Kultur und ihre Methoden bedeutet die neue Situation eine schwere Prüfung. Es ist schwierig, Computerstreikposten zu organisieren, die andere auf einen Streik im Cyberspace verpflichten, insbesondere wenn man bedenkt, daß sich heutzutage mit Rockkonzerten viel eher die Massen mobilisieren lassen als mit Lohnforderungen. Beobachter sagen voraus, daß in den ersten Jahrzehnten des 21. Jahrhunderts in den USA 80 Prozent aller Arbeitskräfte außerhalb der Zentrale eingesetzt sein werden, und dies allein zeigt schon, wie fundamental der Wandel in den Beziehungen zu den Unternehmen sein wird.

Auch die formale Arbeitsteilung wird sich durch die neuen Techniken verändern. Aufgaben, die bislang von verschiedenen Personen erfüllt worden sind, kann nun ein einziger, durchschnittlich befähigter Mitarbeiter mithilfe eines Computerarbeitsplatzes übernehmen. Offensichtlich wird dies zum Beispiel bei Verlagen und Zeitungen, wo alle Vorgänge bis zum Druck praktisch verschwunden sind und die gesamte Verantwortung für das endgültige Erscheinungsbild auf die Autoren abgewälzt wurden. Die Befürchtung, daß die Infobahnen letztlich zahlreiche Arbeitsplätze zerstören, ist also durchaus berechtigt, selbst wenn auf der anderen Seite neue entstehen, die direkt mit der Technologie oder dem Freizeitsektor zu tun haben. Es handelt sich um ein altbekanntes Phänomen. Bei technischen Innovationen hat man immer schon versucht, mit minimalem Aufwand maximalen Gewinn zu erzielen, und auch wenn sie dem Wirtschaftswachstum Impulse verleihen, sind die neu geschaffenen Arbeitsplätze nie identisch mit den eingesparten. Unsere Kultur muß ein Gleichgewicht finden zwischen zwei Betrachtungsweisen von Arbeit: zwischen Arbeit als Strafe Gottes (»Im Schweiße deines Angesichts sollst du dein Brot essen«) und Arbeit als einem verfassungsmäßigen Recht. Die Proletarisierung der Beschäftigung in Form von abhängiger Arbeit oder festen Beschäftigungsverhältnissen scheint nicht gerade dazu angetan, die Statistiken zum Guten zu verändern, und die sozialen Sicherungssysteme entmutigen die Suche nach neuen Rezepten. Die Auffassung von Arbeit als *human capital*[37], die ganz auf der Linie amerikanischer Liberaler liegt, erhält im Gegensatz dazu in einer globalen Informationsgesellschaft erst ihren eigentlichen Sinn und kann dazu beitragen, die erwähnten Folgeschäden zu mindern. So wird Telearbeit so manchem zu einem Arbeitsvertrag fernab von seinem Zuhause verhelfen, einem Posten, den er nie besetzt hätte, wenn er dafür den Wohnort hätte wechseln müssen. Alles in allem aber wird die strukturelle Arbeitslosigkeit zunehmen, und der mithilfe der neuen technischen Anwendungen geschaffene Wohlstand wird sich nicht in einer verbesserten Arbeitsmarktsituation wiederspiegeln. Selbst wenn sich diese Vorhersage als falsch erweisen sollte, muß man bedenken, daß viele Menschen auf diesen Arbeitsmarkt drängen werden, die heute dort noch gar nicht präsent sind. Das gilt besonders für Hausfrauen, denen es bislang verwehrt war, ihren familiären Bereich zu verlassen, um einer Arbeit nachzugehen, und die deshalb große Hoffnungen in das neue System setzen. Der Anstieg der aktiven Bevölkerung und seine negative Auswirkung auf den prozentuellen Anteil der Beschäftigten könnte alle Voraussagen bei weitem übertreffen.

Der industrielle und technologische Wandel bedeutet, daß die Zahl der unabhängigen Mitarbeiter wächst, die so etwas wie ihre eigenen Unternehmer sind. Die Produktivität einer Firma wird nicht mehr so sehr von der Anzahl ihrer Mitarbeiter abhängen, als vielmehr von der Fähigkeit, die Anstrengungen der verschiedenen aktiv am Gesamtprozeß Beteiligten zu koordinieren. Es fällt nicht schwer vorauszusagen, daß ein und dieselbe Person ähnliche Aufgaben für zwei Konkurrenzfirmen erledigen wird, wenn es nicht gelingt, einen Verhaltenskodex zu erstellen, der dies verhindert. Während sich klassische Freiberufler wie Anwälte oder Journalisten tendenziell zu organisierten Gruppen zusammenschließen werden und so viele ihrer Mitglieder zu Lohnarbeitern machen, werden sich traditionell abhängige Berufssparten in unabhängige verwandeln, und zwar aufgrund des höheren Informationspotentials und der besseren Zusammenarbeit untereinander, die durch die Anwendung von Multimedia erst möglich geworden ist.

Die zunehmend informelleren Arbeitsbeziehungen verleihen den Unternehmen zusätzliche Flexibilität, indem sich diese je nach Situation zusammenschließen, eine effektivere Kontrolle über die unabhängigen Mitarbeiter ausüben und weitgehend problemlos Verbindungen zwischen Mitarbeitern herstellen, die an weit auseinander liegenden geographischen Punkten arbeiten. Von nun an kann man an einem Ort produzieren, an einem anderen Leute einstellen, die Buchhaltung an einem dritten Ort vornehmen lassen und an allen gleichzeitig verkaufen. Einige der Cybersexgeschäftemacher haben diese Beweglichkeit sehr früh erkannt. Wählt ein europäischer Kunde die Nummer einer Sex-Hotline, unter der man ihm Hilfe beim Ausleben von Onans Phantasien anbietet, so kommt es nicht selten vor, daß dieser Anruf an irgendeinen Ort in

Südostasien und von dort automatisch an irgendeinen Ort in Lateinamerika weitergeleitet wird, wo schließlich eine Señorita oder ein junger Mann mit sanfter Stimme zu Diensten ist. Die Daten der Kreditkarte, mit der dieser Service bezahlt wird, nehmen aber nicht die gleiche Route, sondern passieren Leitungen in Los Angeles oder Miami und landen schließlich in den Banken irgendeines Steuerparadieses. So weiß der Verbraucher weder, wohin sein Geld transferiert wird, noch, von wo aus er bedient wird, desgleichen der Dienstleister, der keine Ahnung hat, ob der Anruf aus Spanien oder Chile kommt, und der nicht einmal weiß, wer ihn von wo aus bezahlt, sondern allenfalls nachprüfen kann, ob man das Geld auf sein Konto überwiesen hat. Auch die Behörden sind ahnungslos. Selbst wenn sie eine Durchsuchung der Telefonzentrale, über die die Anrufe angenommen wurden, einleiten würden, fänden sie dort nichts anderes vor als ein enges und billiges Zimmer voller Kabel und automatisch funktionierender Apparate, die man über Nacht und ohne großen Kostenaufwand tausend Kilometer weiter wiederaufbauen kann. Um das Geschäft am Laufen zu halten, genügt es lediglich, die Telefonnummern in den Anzeigen zu aktualisieren.

Ein Haus für alle(s)

Wenn sich unsere Produktionsweise und unsere Art des Einkaufens verändern, und sich dabei beide Aktivitäten zu uns nach Hause verlagern, wird das ernsthafte Auswirkungen auf unser gesamtes soziales Umfeld haben. Die normale Zeiteinteilung gerät durch unsere Neigung aus den Fugen, mehr Stunden am Tag der Freizeit zu widmen. Aber auch diese unterliegt der starken Tendenz, sie in der häuslichen Umgebung zu verbringen. Nach dem zu urteilen, was die Apologeten des Netzes proklamieren, reichen zwei sich ergänzende audiovisuelle Endgeräte – Computer und Fernseher – aus, um unsere Rolle als Staatsbürger zu spielen und zum Beispiel unsere Stimme oder die Steuererklärung abzugeben; oder die Rolle als Berufstätige, Arbeitgeber oder Arbeitnehmer zu erfüllen; oder die als Konsumenten, wenn der Einkauf ansteht. Ebenso werden wir netzgestützt unseren Finanzhaushalt verwalten; die Informationen empfangen, die uns interessieren; unsere Studien betreiben, Unterricht erteilen und unseren Vergnügungen nachgehen. Wir werden es immer schön frisch oder warm haben, je nach Klima, und brauchen keine Muskeln zu bemühen, außer denen der Augen und der einiger Finger, die auf der Tastatur herumhacken. Ich weiß nicht, ob das ein besonders attraktives Szenario ist oder lieber vermieden werden sollte.

Man fragt sich unweigerlich, wie unser Zuhause aussehen wird. Ein Zimmer dient als Büro, ein weiteres dem audiovisuellen Genuß und eines als Garage. Und vor allem fragt man sich, wie in Zukunft unsere Städte aussehen werden, wenn sich die Zahl der Büroräume und Geschäfte in dem Maße verringert, wie der Cyberspace Terrain erobert. Viele glauben, daß die Fixierung auf Aktivitäten, die alle zuhause stattfinden und kostspielige Investitionen in Technologie voraussetzen, die Mobilität der Leute verringert oder hemmt. Andere wiederum denken, daß die Überlappung zwischen dem Ort, an dem man lebt, und dem, an dem man arbeitet, zwingend dazu führt, daß sich die Architektur verändert, und so Gebäude entstehen, die gleichzeitig als Büro und Wohnung dienen. Optimisten meinen gar, daß sich das Wachstum der Großstädte zu Gunsten des ländlichen Lebensraums abschwächen wird, weil es sich ja nicht mehr um grundsätzlich unterschiedliche Optionen handelt. Man vergißt dabei allerdings, daß Spekulationen dieser Art eines voraussetzen: den Gebrauch von Technologie als Massenphänomen, wozu es einer ungeheuren ökonomischen Anstrengung der Bevölkerung und einer entsprechenden Ausbildung bedarf, die die Nutzung der Systeme erst ermöglicht.

Die Entscheidungen über Investitionen in das Netz werden von der Politik und von Unternehmenskonglomeraten getroffen, die dazu neigen, sich bei den Infrastrukturen auf diejenigen Sektoren zu konzentrieren, die potentiell den meisten Gewinn abwerfen. Davon würden zunächst einmal die großen Städte profitieren, weil dort die Bevölkerung dichter ist und so die Konstruktion von Infobahnen weniger Kosten pro Einwohner verursacht. Dagegen werden die Staaten wahrscheinlich versuchen, allen Bürgern, unabhängig von ihrem Wohnort, einen allumfassenden Service zu garantieren. Wenn wir aber die Geschichte des Telefons oder der Elektrizität betrachten, lernen wir daraus, daß viele dieser Anstrengungen, so ehrlich sie auch gemeint sein mögen, nicht unbedingt von Erfolg gekrönt sind. Die höhere Bevölkerungskonzentration in den Großstadtgebieten verlangt kostenintensive Investitionen, die sich anderswo niemals auszahlen würden. Das hätte zur Folge, daß sich die Bewohner dieser Gebiete diskriminiert fühlten und, nur um Anschluß an das technische System zu erhalten, eine neuerliche Landflucht einsetzte. Wir werden es mit zwei gegensätzlichen Impulsen zu tun bekommen: der eine geht von der Leistungsfähigkeit der Technologie aus, die eine Dezentralisierung von Information, Arbeit und Handel ermöglicht; der andere von der realen ökonomischen oder politischen Macht, die tendenziell Anstrengungen bündelt und Entscheidungen zentralisiert.

Die regionalen und demographischen Unterschiede bei
der Nutzung der Vorteile des Netzes werden sich Schritt
für Schritt ausweiten. Sie werden nicht nur zwischen den
einzelnen Nationen augenfälliger werden und so den bereits existierenden Abstand vergrößern, sondern auch inmitten ein und derselben Gesellschaft. Einerseits werden
intelligente Gebäude, Viertel und Städte errichtet, andererseits wird vor den Toren dieser Wunder der Wissenschaft und Architektur die bitterste Armut herrschen,
genauso wie wir es auch in Südostasien erleben. Wir
bewegen uns auf eine duale Gesellschaft zu, in der eine
neue Grenze die Mächtigen von den Besitzlosen trennt:
diejenigen mit Zugang zum Netz und diejenigen ohne.
Deshalb ist es wichtig, daß die Regierungen und internationalen Organisationen daran arbeiten, diese ökonomische, aber auch kulturelle und intellektuelle Diskrimini-
rung abzubauen. Leider verträgt sich die Geschwindigkeit
dieser Prozesse nur schlecht mit den traditionellen Verfahren einer Demokratie, in der Debatten und Diskussionen erforderlich sind, bevor Entscheidungen in die Tat
umgesetzt werden.

Daß digitale Anwendungen in der Telekommunikation
einen Beitrag zur Fortentwicklung leisten, steht außer
Frage. Trotz der vorhersehbaren Komplikationen auf dem
Arbeitsmarkt sind die verbesserten Lebensstandards und
der Impuls für wirtschaftliches Wachstum unbestreitbare
Tatsachen, die wir auch nicht kleinreden sollten. Das Auf-
zeigen der Paradoxe und Probleme, die sich aus der Einführung von Infobahnen ergeben, soll uns aber rechtzeitig
vor den Gefahren warnen, die ein unausbalanciertes
Wachstum des Netzes heraufbeschwören kann. Auf der
anderen Seite gibt uns gerade die Geschwindigkeit, mit
der dieser Wachstumprozeß vonstatten geht, die Hoffnung, daß die Tatsache, daß Regionen in unterschiedli-

chem Maße am Wohlstand teilhaben, in viel kürzerer Frist als bislang angenommen korrigiert werden kann. Diese Ungleichheiten werden allerdings um ein Vielfaches zunehmen, wenn nicht die dazu befähigten Behörden und Organisationen auf direktem Wege eingreifen.

Falls dieser Eingriff Erfolge zeitigt, wäre schon einiges für die nachhaltige Entwicklung dieser Gesellschaften gewonnen, obgleich diese in der Folgezeit neue und andere Probleme meistern müssen, unter denen das Recycling von elektronischem Schrott nicht das geringste sein wird. Damit die globale Informationsgesellschaft funktionieren kann, muß man Abermillionen von PCs, Fernsehdecodern und Parabolantennen an den Mann bringen, nicht zu vergessen die hunderttausende Kilometer an Glasfaserkabeln, die es zu verlegen gilt. Und das in einem Bereich, in dem sich die Technologie rasend schnell verändert und Geräte in atemberaubendem Tempo veraltet sind. Wie man mit den ausgemusterten Gerätschaften umgehen soll, wird uns noch mindestens ebensoviel Kopfzerbrechen bereiten wie der Anstieg von elektromagnetischen Strömungen, der durch die erhöhte Wellenaktivität in und außerhalb des Netzes verursacht wird.

In vielerlei Hinsicht bedeutet die Reise des Cybernauten eine Rückkehr nach Hause. Sein Wohnort liegt inmitten des Traumes vom »globalen Dorf«, das zu errichten möglich erscheint und welches uns mit Glücksversprechungen und Chancen aller Art lockt. Deshalb ist es auch so wichtig, schon beim Legen der Grundmauern Vorsorge dafür zu treffen, daß keine Vorstädte und Distrikte für die neuen Sklaven entstehen – die Opfer von Unwissenheit und Entfremdung.

5.

DAS VIRTUELLE KLASSENZIMMER

»Du bist noch nicht zu alt zum Lernen.« Wer hat im Laufe seines Lebens diesen Satz nicht schon einmal gehört oder selbst geäußert? In der traditionellen Kultur hat alles seine Zeit: eine Zeit, um zu lieben, und eine Zeit, um zu sterben, wie der Dichter sagt. Und deshalb auch eine Zeit zum Lernen und eine Zeit für die Lehre, einen Zeitpunkt, an dem man erzieht und einen, an dem man erzogen wird, einen, an dem man Anweisungen erteilt, und einen, an dem man sie erhält. Die heutige Wirklichkeit sieht aber ganz anders aus. Nicht länger ist jedes Ding nur für eine Lebensphase bestimmt wie der Schnuller oder der Stock. Das alte Sprichwort »Wissen schadet nicht« müßte man in dem Sinne korrigieren, daß Wissen auch kein Mindest- oder Höchstalter kennt. Heute ist jedes Alter gut, um sich zu bilden, und selbst die Erfahrungen der ganz Jungen sind je nach Gebiet ein Schatz, von dem Erwachsene profitieren sollten. Denn man lernt nie aus.

Das Leben ist ein kontinuierlicher Lernprozeß und die traditionelle Ausbildung nur die erste Etappe auf einem langen Weg, der nie endet. Mit Fug und Recht läßt sich behaupten, daß das Hochschulwesen von der Lerngesellschaft abgelöst oder zumindest in Frage gestellt werden wird. Auf diesem Weg sind die Kommunikationsmedien, ob wir wollen oder nicht, unsere ständigen Begleiter. Sie überschütten uns mit unverschämt vielen Informationen, bombardieren uns mit Daten und Fakten und verzerren unser Idealbild vom Wissen, demgemäß es die Frucht einer Abstraktion, das Ergebnis eines Ordnungsschemas ist, mit dem wir ein Ding mit anderen Dingen oder eine Idee mit anderen Ideen verknüpfen können, um sie dann auf einen Kontext, auf eine Situation oder eine bestimmte Wirklichkeit zu beziehen. Für all das benötigt man Zeit für die Reflexion und Zeit für den Zweifel – etwas, das die Geschwindigkeit, mit der auf den Informationsbahnen ein Ereignis dem anderen folgt, gerade nicht erlaubt.

Es wäre ungerecht, den Kommunikationsmedien die ganze Verantwortung für die permanente Weiterbildung aufzubürden. Auch die Familie, die Firma, die öffentlichen Einrichtungen, die Kultur- und Freizeitaktivitäten, kurz das ganze komplexe Gewebe unserer sozialen Beziehungen, tragen dazu bei, daß Wissen von einer Person auf die andere übergeht. Andererseits läßt sich kaum die Wucht bestreiten, mit der sich die Kommunikationsmedien, vor allem die audiovisuellen, in unser Leben gedrängt haben. Die Flut an Informationen, mit denen sie uns versorgen, ist so groß, daß ein zwölfjähriges Kind durch das Fernsehen möglicherweise Zugang zu mehr Informationen hat als einst ein mittelalterlicher Gelehrter im Laufe seines ganzen Lebens. Überdies haben die Medien die geographischen Wissensgrenzen eingerissen und so die Erfahrungen der Menschen zusammengeführt und ihre Mythen universalisiert.

So hat man in gewisser Weise das System auf den Kopf gestellt. Wie schon André Danzin, der ehemalige Präsident des Club of Rome, richtig vermutet hat, sind wir, unsere Lehrer eingeschlossen, zu Autodidakten geworden. Die Schulbildung kann nichts weiter leisten, als eine

Anleitung zum Selbststudium an die Hand zu geben. Akademische Titel helfen einem nicht, die Kunst des Lernens zu erlernen. Dafür bedarf es vielmehr solider Maßstäbe, mithilfe derer man dann einem lebenslangen Wissenserwerb nachgehen kann. Dieser autodidaktische Ansatz prägt immer stärker unser Verhalten und findet durch die neuen Technologien eine immer weitere Verbreitung, was allerdings den Verdacht nährt, daß ihr undifferenzierter und hektischer Gebrauch Risiken in sich birgt.

Zuallererst ist da die dunkle Ahnung, daß uns die tägliche Daten- und Informationsflut überschwemmen wird. Das angehäufte Wissen ist derart groß, daß man kaum noch zu entscheiden vermag, was davon unbedingt an die Jüngeren weitergegeben werden muß. Dabei will man sie doch angemessen auf das Erwachsenenleben vorbereiten. Nicht mehr und nicht weniger soll eine Erziehung ja leisten. Nur um ein Beispiel zu nennen: Die Menge der technischen und wissenschaftlichen Publikationen überstieg allein 1986 die Zahl dessen, was Lehrer und Gelehrte seit Anbeginn unserer Zeitrechnung bis zum Zweiten Weltkrieg hervorgebracht haben. Wie wehrt man sich gegen eine solche Überfülle? Sollte man das überhaupt tun? Oder wäre es nicht besser, sich direkt ins aufgewühlte Meer des Wissens zu stürzen und, wenn nötig, auf der Suche nach den Inseln der Weisheit, gegen die Strömung anzuschwimmen?

Wir haben bereits erwähnt, daß mehr Information nicht zwangsläufig besseres Informiertsein bedeutet. Quantität wird erst dann zu einem Synonym für Qualität, sobald es uns gelingt, Daten voneinander zu unterscheiden, Basisreferenzen herauszufiltern, auf die wir uns stützen, und ein Minimum an Regeln aufzustellen, nach denen wir uns richten können. Die Erziehung steht vor der großen Aufgabe, die wesentlichen Werte und Kriterien festzulegen, nach denen wir unser Leben gestalten sollen. Wer aber besitzt genügend Autorität, um in einer Welt von Autodidakten eine derartige Macht auszuüben?

Erschwert wird diese Aufgabe durch die Schnelligkeit, mit der besagte Kriterien sich verändern, sobald neue Daten dies erforderlich machen. Kenntnisse, oder zumindest ihre technischen Anwendungen, überdauern nur eine atemberaubend kurze Zeit, und das, was heute noch gilt, kann morgen schon wieder Schnee von gestern sein. Die Lehrer, Grundpfeiler eines jeden Erziehungssystems, benötigen eine ständige Auffrischung ihrer Fähigkeiten; denn oftmals übersteigt das Können ihrer Schüler ihr eigenes, und doch erwartet man von ihnen Anleitung. Ganz offensichtlich wird dies auf dem Gebiet der Informatik, betrifft aber auch andere Fächer.

Abgesehen von bestimmten Institutionen stehen den Bildungssystemen in den wohlhabenden Ländern bei weitem nicht die ökonomischen Mittel für Forschung und Lehre zur Verfügung, wie das bei Industrieunternehmen oder anderen Körperschaften der Fall ist. Wissen ist zu einer weiteren Waffe im wirtschaftlichen Wettbewerb geworden. Vielen Universitäten fällt es nicht leicht, für eine Zusammenarbeit mit Firmen den richtigen Weg zu finden. Daraus resultiert eine wachsende Kluft zwischen den Bedürfnissen der Lernenden und den althergebrachten Herangehensweisen der klassischen Bildung. Es spricht Bände, daß jemand wie Bill Gates die Universität ohne Abschluß verlassen hat, um daraufhin die Leiter des wissenschaftlichen und wirtschaftlichen Erfolgs hochzuklettern. Er hat dabei schwindelerregende Höhen erreicht, ohne jemals Titel oder akademische Würden vorweisen zu müssen, die ohnehin heutzutage auf fast jeden herabregnen. Zusammenfassend läßt sich sagen, daß wir unser Bildungskonzept gänzlich überarbeiten und einer neuen

Welt anpassen müssen, damit Schüler sich nicht nur vorgefertigte Ideen aneignen, sondern selber welche entwerfen und an andere weitergeben.

Ein solches Klima begünstigt Protest und Überheblichkeit – beides längst nicht mehr Folgen einer moralischen Reflexion über das Verhalten von Erwachsenen. Ebensowenig – zumindest nicht so oft, wie man sich das wünschen würde – resultieren diese Haltungen aus einer gemeinsamen Anstrengung im Hinblick auf die Gesellschaft im Ganzen. Vielmehr entspringen sie der unter Jugendlichen weit verbreiteten Überzeugung, daß ihre Lehrer weniger wissen als sie, und das auf einem Gebiet, auf dem sie doch versiert sein müßten, um im modernen Überlebenskampf bestehen zu können.

Die Lehrer haben nicht nur ihre Autorität verloren, man läßt es ihnen gegenüber auch an Respekt mangeln. Selbst von den Dienstherren der öffentlichen Hand wird er ihnen kaum entgegengebracht, wobei diese zwar nicht müde werden zu verkünden, wie sehr man sich für das Bildungssystem engagiere, gleichzeitig aber um Gelder und Gesetzgebungen feilschen, anhand derer sich dieses Engagement gerade beweisen müßte. Das öffentliche Bildungssystem, universell und kostenlos, ist in vielen Ländern eine der großen Errungenschaften dieses Jahrhunderts. Es wird aber neuerdings im Namen von Angebot und Nachfrage angezweifelt, im Zuge eines alles beherrschenden Liberalismus, der dabei vergißt, daß Chancengleichheit die beste Grundlage für Wettbewerb darstellt.

Inmitten dieses konzeptionellen und politischen Wirrwarrs, der das Erziehungssystem auszuhöhlen droht, eröffnet die Kombination aus Spitzentechnologie und audiovisuellen Medien aber auch neue, nahezu unbegrenzte Möglichkeiten der Wissensvermittlung. Prinzipiell stellen sie die Grundlagen der klassischen Bildung, die bereits einer tiefgreifenden Revision unterzogen wird, noch stärker in Frage. Unklar ist, ob die globale Informationsgesellschaft mit ihrem Universum von Netzen, der Interaktivität und anderem Budenzauber noch mehr Chaos und Verwirrung stiften wird oder aber dazu beiträgt, allmählich die positiven Elemente aus all dem Durcheinander herauszukristallisieren.

Auf dem Bildungssektor lassen sich die gleichen Hoffnungen und Gefahren erkennen, wie wir sie bereits für Wirtschaft und Politik konstatiert haben. In der Spitzenforschung ist das Netz längst unverzichtbar. Nicht umsonst war das Internet ursprünglich für die akademische Welt gedacht. Aussagekräftige Erfahrungen hat man dort aber erst gesammelt, seitdem das Web so populär geworden ist. Heutzutage brüsten sich fast alle Universitäten damit, im Netz aktiv präsent zu sein. In den meisten entwickelten Ländern kann man sich über das Netz an verschiedenen Hochschulzentren einschreiben und studieren. Es gibt sogar noch gewagtere Versuche wie zum Beispiel in Schweden, wo die Virtuelle Universität eine ganz unerwartete Entwicklung genommen hat. In der Provinz Gävleborg[38], die mit sechzehn Einwohnern pro Quadratmeter eine der geringsten Bevölkerungsdichten Europas aufweist, konnte das digitale Schulfernsehen dazu beitragen, das Problem der Isolation und Streuung zu lösen, unter dem die Bevölkerung dieser Region und der Wirtschafts- und Kulturstandort gelitten hatten. Dank der Programme, die von den prestigeträchtigsten Universitäten des Landes verteilt wurden, lassen sich im Netz, aufgeschlüsselt nach Fakultäten, die unterschiedlichsten Studiengänge belegen. Die Virtuelle Universität lebt in hohem Maße von der Aufmerksamkeit und Unterstützung der lokalen Behörden und sieht ihre Aufgabe unter anderem darin, die grenzüberschreitenden Möglichkeiten der modernen Kommu-

nikation zu nutzen. So haben sich die Beziehungen zu
Rußland verbessert, indem man beispielsweise Fortbildung für die dortigen Bauern oder Russischkurse für
schwedische Studenten anbot – also oftmals für Erwachsene, denen eine höhere Bildung bislang versagt geblieben
war. Einige gehen davon aus, daß dies ein nützliches
Modell für den Spracherwerb innerhalb der Europäischen
Union sein könnte, denn dort stellt die Vielsprachigkeit
eines der größten Hindernisse auf dem Weg zu einem gemeinschaftlichen Lehrplan dar. Andere wiederum führen
das Modell als Beispiel dafür an, daß man das Internet zu
einem gigantischen virtuellen Campus ausbauen könnte,
zu einer Erweiterung der besten Universitäten, vielleicht
sogar nach Art des Franchise-Systems, das im Geschäfts-
leben so erfolgreich Einzug gehalten hat.

Auf dem Gebiet der transnationalen Ausbildung wurden
in letzter Zeit vermehrt Erfahrungen gesammelt. Sprach-
kurse – insbesondere für Englisch – erfuhren ebenso wie
Möglichkeiten zur beruflichen Fortbildung eine beachtliche Weiterentwicklung. Der Impuls ging oft von Unternehmen und Fabriken aus, die einen Bedarf an Mitarbeitern mit Spezialkenntnissen hatten. Zwischen Schülern,
die tausende Kilometer voneinander entfernt leben, wan-
dert eifrig elektronische Post hin und her, um Prüfungen
zu besprechen, sich in Zweifelsfällen untereinander auszu-
tauschen oder im Team zu arbeiten. Lehrer sehen darin
einen qualitativen Fortschritt im Vergleich zu traditionellen Lehrmethoden. Junge Juden, die in kleineren
Gemeinden verstreut über die ganze Welt leben, können
über das Netz gemeinsam Studien betreiben, um sich auf
das Bar-Mizwa-Fest vorzubereiten; in Thailand und Taiwan schreiben sich Leute in Kurse ein, die über Kabel-
fernsehen aus Colorado abgehalten werden; Forschungs-
zentren in Schwarzafrika können schnell und leicht von

Dokumenten und Archiven der besten Universitäten der Welt profitieren; den Bewohnern abgeschiedener Gegenden oder Behinderten bieten sich durch das Internet bessere Ausbildungsmöglichkeiten. Wir erleben also neue Formen der Teilhabe an Bildung sowie eine weltumspannende Solidarität des Wissens.

Die technischen Neuerungen, die uns eine digitale Erziehung beschert, sind famos. Das Fernstudium bietet Lehrern wie Schülern die Möglichkeit, viele der Aufgaben von Zuhause aus zu erledigen; davon profitieren auch Bevölkerungsgruppen, die ansonsten nicht am Unterricht teilnehmen könnten. Hausfrauen, Familienvätern, Kranken oder Einwohnern kleiner Dörfer eröffnen sich auf diese Weise bessere Lernmöglichkeiten. Außerdem steigern graphische Benutzeroberflächen das didaktische Potential der Maschinen, die von sich aus Zweifelsfälle klären, für die bislang das Gedächtnis oder die Intelligenz des Lehrers vonnöten waren. Der Dialog unter den Teilnehmern einer virtuellen Klasse, die weit voneinander entfernt leben und unterschiedlicher nicht sein könnten, verstärkt den Austausch zwischen den verschiedenenen Kulturen und läßt so noch stärker die Globalität dieses Prozesses spürbar werden. Tatsächlich erscheint mir das am wichtigsten: Der Cyberschüler spürt, daß er einer globalen Welt angehört, in der sich die Menschen, ihre Geschichten, ihre Leiden und ihr Wohlergehen immer stärker miteinander verweben.

Fernheilung

Die Telemedizin ist eines der Gebiete, auf dem durch die Anwendung neuer Technologien die größten Fortschritte erzielt wurden, und zwar sowohl in bezug auf Studium und Berufsausbildung als auch auf Heilungsmethoden im engeren Sinne. José B. Terceiro[39] weist darauf hin, daß Aktivitäten im Gesundheitswesen einen enormen Informationsaufwand mit sich bringen. In den entwickelten Ländern macht das immerhin 25 Prozent des Etats des Gesundheitsministeriums aus. Wenn es uns also gelingt, den Informationsfluß zu beschleunigen, werden wir nicht nur die Behandlung der Patienten verbessern, sondern auch viel Geld sparen.

Im Cyberspace gibt es in Gesundheitsfragen bereits vielfältige Aktivitäten, die vor allem drei Ziele verfolgen: Vorsorge, Diagnostik und Therapie. Die Medizin ist ein Berufszweig, in dem ständige Weiterbildung und Aktualisierung der Methoden besonders erforderlich sind. Durch die Geschwindigkeit der Netze ließen sich in beiden Bereichen schnell Fortschritte erzielen und so die wissenschaftlichen Kapazitäten bei relativ niedrigem Kosten- und minimalem Zeitaufwand erhöhen. Die Möglichkeit, über das Netz von entfernten Punkten aus auf die Krankengeschichte eines Patienten zugreifen zu können, erhöht dessen Heilungschancen. Der Erwerb von klinischen Erfahrungen an virtuellen Körpern erlaubt nicht nur, Fehler zu korrigieren und neue Methoden zu erproben, sondern auch in Videokonferenzen zeitgleich darüber zu diskutieren. Diese Methode könnte sich sogar als nützlich erweisen, um das kostspielige Kongreßwesen einzudämmen, mit dem die pharmazeutische und chemische Industrie weltweit versucht, möglichst viele Ärzte auf elegante Weise zu korrumpieren. Allerdings bietet das Netz ganz offensichtlich einige der Vergnügungen, die auf diesen teils wissenschaftlichen, teils geselligen Zusammenkünften zu haben sind, gerade nicht, oder wenn doch, dann höchstens in einer wenig zufriedenstellenden virtuellen Variante.

Bildung und Gesundheit sind zwei wichtige Richtwerte für die Entwicklung und den Nutzen der Informationsgesellschaft, zwei Gebiete, auf denen ganz sicher die Vorteile die Risiken überwiegen werden. Die Grundvoraussetzung bleibt hingegen, daß man Teil des Systems ist: mittendrin, statt nur dabei.

Damit die Infobahnen die einzigartige Rolle einnehmen können, die ihnen im Ausbildungsbereich zukommt, muß unbedingt der Umgang mit PCs an Schulen und Gymnasien verbreitet werden, wodurch nicht nur die Schüler, sondern vor allem auch die Lehrer in die Lage versetzt würden, sich wenigstens minimale Kenntnisse anzueignen. Die US-amerikanische Bundesregierung hat als erste ein Programm auf den Weg gebracht, das dafür sorgen soll, daß es im Jahr 2000 keine Schule ohne Rechnerzugang mehr gibt. Danach waren die Briten an der Reihe. Im Gleichklang mit dem unverwüstlichen Gates kündigte Tony Blair im Oktober 1997 an, daß im Jahr 2002 alle Schulen des Vereinigten Königreichs mit Computern ausgestattet sein würden. Zum Zeitpunkt der Niederschrift dieses Buches konnten das nur acht Prozent der 30 000 Schulen des Landes von sich behaupten. Diese Projekte machen für etliche Gerätehersteller Wunschträume wahr. Aber eine Maßnahme selbst dieser Größenordnung führt zu nichts, wird sie nicht von einer entsprechenden Lehrerausbildung flankiert. Diesen mangelt es nicht nur an der Fähigkeit, einen Computer zu bedienen, sondern – und das ist viel entscheidender – am Verständnis für die grundlegenden Veränderungen, die eine Ausbreitung der Multimediawelt auf das individuelle und soziale Verhalten der Menschen haben wird.

Wim Veen, Pädagogikprofessor an der Universität in Utrecht, beharrt darauf, daß es in der Hand der Lehrer liegt, ob eine Innovation im Erziehungswesen erfolgreich umgesetzt werden kann.[40] Lehrer seien nicht nur zur Wissensvermittlung wichtig, sondern auch, weil wir im Kontakt mit ihnen lernen – gerade auch aus ihren Fehlern. Unsere Beziehung zur Maschine kann die Face-to-face-Kommunikation nicht ersetzen. Das gilt für die Lehre genauso wie für alle anderen menschlichen Aktivitäten. Wenn wir wollen, daß aus der klassischen Bildung der Motor für den Ausbau des Cyberspace werden soll, müssen wir dafür erst einige Voraussetzungen schaffen. Die wichtigste ist, daß wir uns freiwillig auf dieses Abenteuer einlassen. Alle Versuche der Politik, generalstabsmäßig die Einführung der neuen Technologien als Erziehungsmethode zu erzwingen, werden zum Scheitern verurteilt sein. Statt dessen ist es erforderlich, daß die Schulen diese Projekte in hohem Maße unterstützen, die Lehrer mit Begeisterung bei der Sache sind und der Zugang zum Netz billig, einfach und schnell ist.

Um die Primär- und Sekundarstufe sowie berufsbildende Schulen mit der nötigen Infrastruktur auszustatten, die eine massive Nutzung des Netzes überhaupt erst gestattet, bedarf es einer gewaltigen ökonomischen Anstrengung. Nur sehr wenige Länder und Einrichtungen können sich das, zumindest in so kurzer Frist, leisten. Wenn wir dann noch die Kosten für eine (permanente) Weiterbildung der Lehrer und für die Telekommunikationsmittel hinzuzählen, ahnen wir einmal mehr, daß sich die Unterschiede zwischen armen und entwickelteren Ländern und selbst innerhalb desselben Landes weiter vergrößern werden: zwischen den Studenten, die im Cyberspace herumsurfen, und denen, die davon ausgeschlossen sind. Die duale Gesellschaft lauert überall mit ihren Ungleichheiten, Paradoxien und Widersprüchen, die gerade dann besonders schädliche Folgen haben, wenn dafür in der Schulzeit der Grundstein gelegt wird. Demokratische Gesellschaften sollten deshalb das Prinzip, allen die gleichen Bildungschancen einzuräumen, konsequent verfolgen und weiter ausbauen, auch wenn sich im Augenblick alles dagegen zu verschwören scheint. Man muß dieses Prinzip im Lichte der neuen Lernmethoden sehen, wissen wir doch, daß in Zukunft nicht nur die Jugendlichen, sondern auch die Erwachsenen wesentlich mehr Zeit auf Weiterbildung verwenden müssen. Um es nochmals ganz deutlich zu sagen: Zeit ist vor allem für die aktiven und gebildeten Bürger unserer Gesellschaften eines der kostbarsten Güter.

In der Realität werden engagierte Lehrer und fleißige Schüler nicht über genügend Zeit verfügen, um sich in die Benutzung neuer Technologien einzuarbeiten, wenn sie nicht vorher die alten über Bord werfen. Dieser Prozeß kann still und leise vonstatten gehen, er muß aber schnell und durchgreifend erfolgen.

Als nachahmenswertes Modell könnte das Gütersloher Gymnasium unter der Schirmherrschaft der Bertelsmann Stiftung[41] fungieren. Dort werden religiöse und kulturelle Traditionen gewahrt, aber mit modernen Inhalten und Techniken verknüpft, wobei man großen Wert auf Musik und kreative Fächer legt. Denn die Gefahr ist groß, daß mit der Welle des Technizismus, die uns überrollt, diese Fächer aus den Lehrplänen verschwinden. Zu fragen wäre beispielsweise nach der Zukunft der Poesie. An amerikanischen Schulen sind Gedichte praktisch nicht mehr existent, und so fühlen sich die Jugendlichen von heute immer weniger dazu bemüßigt, ihre Zeit mit Lektüre zu verbringen. Was früher die Dichter waren, sind heute die Popstars. Trotz allen Respekts und aller Bewunderung für letztere haben wir uns doch auf einen schlechten Tausch eingelassen.

Durch die Einführung von Multimedia an den Schulen haben sich Bibliotheken mit atemberaubender Geschwindigkeit in etwas verwandelt, das heute unter dem Namen Mediathek firmiert: eine Kombination aus dem Verleih von Büchern, Videos, CD-ROMs, Filmen, Aufnahmen, Zeitungen usw. Regierungen und internationale Organisationen müssen dieser Linie folgen und alle Anstrengungen unternehmen, Multimedia in die Lehrpläne aufzunehmen, und zwar nicht nur als weiteres Fach, sondern vor allem auch als Schulungsinstrument, als Forschungs- und Lernmethode und Mittel zum Dialog. Das Vorantreiben von Projekten, die diese Facette nicht berücksichtigen – verbunden mit dem Hinweis, daß dies zu teuer sei und zu große Schwierigkeiten mit sich brächte –, ist reine Zeit- und Geldverschwendung und vielleicht auch ein Betrug an denjenigen, die eigentlich davon profitieren sollten. Neben den Aspekten technischer und instrumenteller Natur gilt es aber auch, die moralischen Fragen gründlich zu beleuchten, die ein Phänomen wie der Cyberspace aufwirft. Man muß ein Gespür für Risiken haben, Deformationen vorausahnen und auf intelligente und hartnäckige Weise die mythischen Vorstellungen im Keim ersticken, zu denen sich Jugendliche gerne hinreißen lassen.

Globalkolorit

Aus der Masse elektronischer Werbung, die uns täglich erreicht, sticht ein besonders beliebtes und verbreitetes Produkt hervor: Lehrbücher zur Rechtschreibung im Englischen. »Glänzen Sie vor Ihren Bekannten«, heißt es da etwa, »und schreiben Sie in Ihren E-Mails korrektes Englisch«. Unter anderem mag dies als Fingerzeig für den mangelhaften Grammatikunterricht an amerikanischen

Gymnasien zu verstehen sein. Es weist uns aber auch auf ein großes Problem hin: die Eroberung des Netzes durch das Englische. Bei Datenbankanfragen, in den internationalen Diskussionsforen und bei den häufig vorkommenden Computerbefehlen benutzt man überhaupt nur diese Sprache. Das Englische ist die neue *lingua franca* unserer Zivilisation. Letzten Endes wird Sprache von oben verordnet. Wer glaubt, das wäre anders, macht sich etwas vor.

Die unkontrollierte und wild wuchernde Ausbreitung einer Sprache führt häufig zur Entstehung neuer Idiome, die entweder miteinander verwandt sind oder von derselben Ursprungssprache abstammen – so geschehen z. B. mit den romanischen Sprachen und ihrer gemeinsamen Wurzel, dem Lateinischen. Es ist jedoch nicht sehr wahrscheinlich, daß dem Englischen ein ähnlicher Weg beschieden sein wird. Vielmehr scheint die Sprache durch die Einführung neuer Themen und Technologien eine Reihe von tiefgreifenden Umwälzungen sowohl in Syntax als auch in Grammatik und Aussprache zu erfahren. Es entstehen lokale Dialekte mit einem verarmten Vokabular, bekannt als Pidginenglish, obgleich ihre Formen und Verwendungsarten eine gewisse Vielfalt aufweisen.

Die Netzsprache ist längst zu einer dieser Varianten des Pidginenglish geworden. Die Sprache, die dort zirkuliert, zeichnet sich nicht nur durch ihre Ehrerbietung dem Englischen gegenüber aus, sondern auch durch die Flexibilität, mit der sie innovative Formen und Schreibweisen annimmt, die am Ende nur noch die Cybernauten selbst verstehen. Wenn wir noch die Fülle an ikonographischen Ausdrücken in Betracht ziehen, die vielen Orthographiezeichen, mit denen Nutzer ihren Dialoge aufpeppen, könnte man fast glauben, der Geburt einer Universalsprache beizuwohnen – gleichsam der Wiederauflage eines neuen Esperanto –, deren Ausdrucksmöglichkeiten jedoch sehr beschränkt sind, unter anderem deshalb, weil sich damit keine Nuancen ausdrücken lassen.

Sprache ist nicht nur zum Reden da, sondern insbesondere auch zum Denken. Die Art und Weise, wie wir uns ausdrücken, ist entscheidend für das Funktionieren des Gehirns und für das Erstellen jeglicher Kriterien und Werte. Sprachen tragen zur Ausformung der Kulturen bei, geben ihnen erst Nahrung, sind ihr formaler Atem. Wenn der aristotelische Mensch ein Tier ist, das spricht, dann ist der kybernetische Mensch zunehmend ein Tier, das Englisch spricht. Aber nicht das Englisch eines Shakespeare oder Joyce, sondern Pidginenglish, improvisiert und regellos, dem Einfluß hunderttausender Jugendlicher ausgesetzt, die im Sprachunterricht schlechte Noten erhalten haben, überrannt von prosodischen, syntaktischen und grammatikalischen Horden. Ein Englisch, das, wie die Puristen meinen, nicht einmal die eigene Mutter mehr erkennt, das Ausdruck ist für eine kulturelle Verarmung und für die mangelnde Vorstellungskraft derer, die sich auf die Reise im Cyberspace begeben, ohne erst einmal auf fester Erde richtig laufen gelernt zu haben.

Laut einer Studie von Altavista (dem Betreiber der gleichnamigen Suchmaschine) sind 89 Prozent aller Websites in englischer Sprache abgefaßt, während das Deutsche oder Französische jeweils nicht über einen Anteil von drei Prozent hinauskommen. Die Zahlen werfen die Frage auf, wie es in diesem System denn mit dem Arabischen und den orientalischen oder slawischen Sprachen aussieht. Es gibt durchaus Anlaß zu der Vermutung, daß ein gebildeter und informierter Bürger in Zukunft dazu verdammt ist, polyglott zu sein, in der einen Sprache zu arbeiten und zu studieren und in der anderen Bekanntschaften zu schließen, zu lieben, zu fühlen und zu träumen. Tatsächlich nimmt die Zahl der zweisprachigen Gemeinschaften immer mehr zu, und das sollten wir beileibe nicht als Bedrohung verstehen. Es erscheint mir aber unbestreitbar, daß der Gebrauch eines verwaschenen Englisch für Millionen von Bürgern, die es nicht beherrschen, auf dem Weg in den Cyberspace ein weiteres Hindernis darstellt.

Der globale Charakter des Internets, seine hypnotische Wirkung, seine gemeinsame Sprache, das Fehlen von Zweifeln als Folge des Fehlens von Sicherheiten sind Faktoren, die einem dynamischen Prozeß Aufschwung verleihen, der in weltweitem Maßstab zu einer Vereinheitlichung der Kulturen führen wird. Der undifferenzierte, flüchtige und unstete Gebrauch des Englischen als gemeinsamer Muttersprache der Computerwelt wird natürlich das seinige zu dieser Vereinheitlichung beitragen, die aufgrund anderer Tatsachen ohnehin schon seit Jahrzehnten im Gange ist. Auf der anderen Seite helfen die chaotischen Aspekte des Netzes, das Fehlen von Hierarchien (zumindest von sichtbaren Hierarchien, die von den Nutzern auch anerkannt werden) und die Interaktivität uns dabei, von Gleichmacherei verschont zu bleiben. Es besteht aber die große Gefahr, daß die Verschiedenartigkeit ausstirbt und ersetzt wird durch eine globale Kultur, die jegliche Spur von Dissidententum auslöscht. Es ist gerade das Außergewöhnliche am Internet, daß selbst das Dissidententum ein integrativer Bestandteil des Systems ist – eigentlich nicht weiter verwunderlich, da dieser Umstand schon seit geraumer Zeit ein Wesensmerkmal aller fortschrittlichen Gesellschaften darstellt.

Die Aufmerksamkeit, die man dem Cyberspace in all den Studien über die Schaffung einer Globalkultur schenkt, verführt dazu, andere Phänomene zu vernachlässigen, die in die gleiche Richtung gehen. Coca-Cola und Fast Food sind nur die offensichtlichsten Beispiele für die Tendenz zur weltweiten Gleichmacherei. Generell wird das bei Essen und Kleidung am deutlichsten. Sushi ist heute in fast allen Restaurants der westlichen Welt ein Modegericht; Pizza läßt sich nur noch schwer als typisch italienische Mahlzeit verkaufen. Amerikaner haben das Weintrinken gelernt, Venezuelaner sind große Whiskytrinker, und das Bier, das Emblem des nördlichen Europas schlechthin, wird auch in den Mittelmeerländern hektoliterweise getrunken. Wir haben es geschafft, daß man im postmaoistischen China Krawatte trägt, während zur selben Zeit Armani und andere Modemacher den Europäern den amerikanischen Hemdkragen schmackhaft zu machen versuchen. Die Schaffung einer universalen Kultur – oder sagen wir lieber einer Schwundstufe von Kultur – ist schon seit Jahrzehnten im Gange. Mickey Mouse gehört zur kollektiven Vorstellungswelt der Japaner mindestens ebenso sehr wie zu der der Amerikaner; und in den Ländern, in denen Filme synchronisiert werden, sind die Helden Hollywoods den Menschen und ihrer Gefühlswelt nicht etwa fremd, sondern bilden Legenden, die in der jeweiligen Kultur genauso oder stärker verwurzelt sind wie in der amerikanischen.

Wie kein anderer hat Edgar Morin[42] die perversen Auswirkungen dieser Situation beschrieben, in der jedes Individuum nicht nur zu Recht von sich behaupten kann, Zugang zum ganzen Planeten zu haben, sondern auch – und das ist viel entscheidender –, daß der ganze Planet Zugang zu ihm hat, in ihm präsent ist: »Ein Afrikaner, der irgendwo in einer Wellblechhütte haust, ist zwar kein Teil des planetarischen Komfortkreislaufs, aber dennoch Teil des planetarischen Kreislaufs. Er leidet in seinem alltäglichen Leben am Auf und Ab des Weltmarktes, weil dieser den Preis für die Rohstoffe, die in seinem Land gefördert werden, bestimmt. Er wurde aufgrund von Vorgängen, die ihren Ursprung in der westlichen Welt haben, aus seinem Dorf vertrieben, [...] einst war er ein autark lebender Bauer und heute ist er ein Vorstädter auf Arbeitssuche; seine Bedürfnisse lassen sich in monetären Größen ausdrücken [...]. Er verwendet Aluminium- oder Plastikgeschirr. Er trinkt Bier oder Coca-Cola. Er schläft auf Polyesterharzplatten und trägt Hemden mit amerikanischem Aufdruck [...]. Dieser Afrikaner wurde zum Objekt des Weltmarkts degradiert, zum Untertan eines Staates, der den Prinzipien der westlichen Welt folgt.«

Dieser arme Schwarze, ein enterbter Bewohner der Einen Welt, ist das Ergebnis dessen, was Linksintellektuelle »Einheitsdenken« genannt haben, ein Denken, das wirtschaftlichen Gewinn über alle Ideologien stellt und den Markt zum einzigen Richtwert erklärt. Die fortschreitende kulturelle Gleichmacherei hat viel damit zu tun. Effizienz besitzt innerhalb der Gesamtentwicklung einen höheren Stellenwert als Solidarität und Gerechtigkeit, welche geradezu überholt scheinen. Die globale Informationsgesellschaft könnte zu einem gigantischen Lautsprecher dieser Sichtweise werden und würde so zur ideologischen Gleichmacherei noch die rein kulturelle hinzufügen – oder aber paradoxerweise eine kritische Struktur entwickeln, welche schlafende Geister weckt.

Effizienz kann nicht dasjenige Kriterium sein, anhand dessen man den Fortschritt in Erziehung, Gesundheit und Wohlstand der Menschen in einer Welt bemißt, die von hunderttausenden Parias bevölkert wird, denen der Arbeits- und Bildungsmarkt verschlossen bleibt. Wir werden echte Effizienz nur dann erreichen, wenn wir die neuen Technologien nicht dazu benutzen, eine vorherrschende Ideologie durchzusetzen, sondern dazu, ihr zu widersprechen; nicht, um egozentrisch unser Lebenskonzept bestätigt zu sehen, sondern um uns der Frage zu stellen, ob ein Planet überlebensfähig ist, der im Namen des Fortschritts die wirtschaftlichen, kulturellen und sozialen Unterschiede seiner Bewohner fast unbegrenzt erhöht. Das Internet könnte in kultureller und politischer Hinsicht der Sache einen großartigen Dienst erweisen, aber auch im Namen eines universellen Einheitsdenkens deren Totengräber sein. Damit letzteres nicht geschieht, ist es notwendig, das psychologische und geistige Vakuum der Völker, die in den Cyberspace aufbrechen, zu füllen. Denn sie müssen einen Riesensprung machen, weg von ihrer primitiven Kultur, die zum Sterben verurteilt ist. Diese Völker haben ihr Mittelalter nicht durchlebt und werden auch keine Gelegenheit erhalten, es nachzuholen. Es wird nicht einfach sein, diese fehlende Stufe auf dem Weg in die Moderne zu ersetzen. Dennoch wird es unerläßlich sein, wenn wir nicht wollen, daß der Angleichungsprozeß ihre Geschichte, ihren Entwurf als Volk und ihre Identität auslöscht.

In den alphabetisierten Gesellschaften werden die Auswirkungen nicht weniger spürbar sein, wenngleich sie vielleicht eher ein Paradox nähren: daß nämlich einerseits die neuen Technologien in galoppierendem Tempo zu einer Angleichung bei Verhaltensweisen, Manieren, Haltungen, Strukturen und Institutionen führen, und sich im Gegenzug verstärkt lokale Dialekte, eigene Sprachen und Gewohnheiten ausbilden. Es ist ein Merkmal der Netze, eine Fragmentarisierung der Realität zu gestatten. Im Gegensatz zu einem Multikulturalismus, bei dem sich die Kulturen eher vermischen, werden wir vielleicht eine Entwicklung hin zur Schaffung von Kulturmosaiken erleben, aus deren einzelnen Bausteinen zwar ein Ganzes gebildet wird, die aber dennoch ihre jeweilige Identität bewahren. Eine der Aufgaben der sozialen Eliten wird wahrscheinlich die Suche nach einem Gleichgewichtszustand sein, der ein Nebeneinander beider Phänomene erlaubt.

Die Zukunft des Buches

Die Erfindung des Alphabets und nachfolgend des Buchdrucks trug wesentlich zum Fortschritt in den Wissenschaften bei. Durch das Alphabet können wir Ideen in Worte fassen. Durch den Buchdruck können wir sie reproduzieren und verbreiten. Wenn wir den Menschen als ein rationales Wesen definieren, wollen wir damit sagen, daß er die Fähigkeit besitzt, Ideen auszuarbeiten, sie zu analysieren und mit anderen zu verknüpfen. Das heißt, er besitzt Vorstellungskraft und die Fähigkeit zu denken. Wie wir gerade gezeigt haben, hängt jedoch die Art und Weise, wie er sie nutzt, entscheidend davon ab, wie er sich ausdrückt. Auf alle Fälle verhält es sich so beim Homo sapiens, dem Begründer der uns bekannten Zivilisation. Alle rechtlichen, politischen und sozialen Strukturen basieren auf Abstraktionen, die er geleistet hat. Wir erkennen die Schönheit von Dingen und das Gute im Menschen nur deshalb, weil sie Teil dieser Strukturen sind oder sie repräsentieren, klammern uns aber auch an eine Idealisierung dieser Prinzipien, um mit ihnen unsere eigenen Moralvorstellungen zu rechtfertigen.

Die Erfindung Gutenbergs erlaubte neben der Reproduktion von Texten auch die von Zeichnungen und Schaubildern, was sich für die Verbreitung bestimmter wissenschaftlicher Ideen als außerordentlich nützlich erwies. Dennoch fiel dem Alphabet bis heute die vorherrschende Rolle bei der Ausarbeitung und Verbreitung von Wissen zu. Das gesamte Bildungssystem ist auf Schreiben und Lesen sowie dem verinnerlichten Gebrauch arithmetischer Regeln aufgebaut, mit denen man eine Abstraktion auf der anderen errichten kann. Die mündliche Tradition wurde als Methode der kulturellen Überlieferung verbannt und verblieb in ihrem Exil, bis sie durch die elektronischen Kommunikationsmedien Radio und Fernsehen daraus befreit wurde. Beide läuteten die Phase des audiovisuellen Wissens ein, bei dem die Realität nicht mehr begrifflich erfaßt, sondern nur noch repräsentiert wird. Der Homo sapiens läuft Gefahr, sich in einen Homo videns zu verwandeln; in ein Wesen, dem abstraktes Denken fremd ist, dessen Wissen und Informationen sich auf das beschränken, was man sehen kann; ein neuer Apostel Thomas, der sich weigert, die flammende Zunge der Weisheit zu empfangen. Welche Konsequenzen werden sich langfristig aus einem so spektakulären Phänomen ergeben? Ich gehöre nicht zu den Apokalyptikern, die das Ende der Buchkultur verkünden; allein, es läßt sich nicht leugnen, daß die Zivilisation des Bildes gegenüber der Gesellschaft der Schrift an Boden gewonnen hat und dies auf alle möglichen Bereiche Auswirkungen haben wird.

Das Internet spielt in diesem Prozeß noch keine führende Rolle, auch wenn die Schaffung einer virtuellen Realität einen weiteren Schritt hin zur visuellen Kultur bedeutet; hin zu einem Zustand, in dem die ureigenen Vorstellungen des Subjekts durch eine künstliche, aber objektive Welt ersetzt sind; in der die Wirklichkeit keine Abstraktion mehr ist, sondern etwas jenseits unserer eigenen Erfindungsgabe; eine Welt, die außerhalb unserer selbst existiert, ohne zu existieren; die wir mit unseren Sinnen wahrnehmen und auf die wir reagieren müssen. Auf der anderen Seite werden wir uns dank Hypertext an fiktionaler Literatur erfreuen, bei welcher der Leser unter mehreren Möglichkeiten dasjenige Ende aussuchen kann, das ihm am besten gefällt bzw. mit den Möglichkeiten so spielt und sie vermischt, daß schließlich etwas herauskommt, was am Anfang gar nicht vorgesehen war. Das Phänomen wird mit der Durchsetzung dessen, was man Hypermedia nennt – das Zusammenspiel von Text, Sound und Bild, das sich mithilfe der Verknüpfung von Worten oder zuvor programmierten Regeln aktivieren läßt – noch an Komplexität gewinnen. Dessen ungeachtet ist ebenso offenkundig, daß ein System, das zur Verbindung mit der Maschine eine Tastatur benutzt, dem Alphabet eine phantastische Ehre erweist.

Mein Vertrauen in die Zukunft des Buches gründet sich im wesentlichen auf den interaktiven Umgang, den es seinem Benutzer abverlangt, auf seine einfache Handhabung und seine Dauerhaftigkeit. Desweiteren auf seinen gegenständlichen Charakter, der an jenen der fünf Sinne apelliert, der von Kommunikationswissenschaftlern immer ein wenig geringschätzig behandelt wird: den Tastsinn. Sein haptisches Wesen, seine Geschmeidigkeit, seine Funktionalität und seine Schönheit sind wesentliche Bestandteile des Buches als Kulturträger und -übermittler. All dies sind Qualitäten, die sich, zumindest im Augenblick, in einer Welt der digitalen Kommunikation nur schwer reproduzieren lassen.

Dennoch dürfen wir auch die gewaltigen Hindernisse nicht unterschätzen, die einer weiteren Verbreitung der Buchkultur im Wege stehen. Dazu zählt neben den steigenden Kosten auch das Problem der Abholzung von Wäldern und die ökologischen Katastrophen, welche die Erzeugung von Zellstoff zur Papierherstellung oft mit sich bringt. Man muß sich nur einmal fragen, welche Folgen es für unsere Umwelt hätte, wenn die Bekämpfung des Analphabetentums weltweit von Erfolg gekrönt wäre und wir den Bedürfnissen von Millionen neuer Leser nachkommen müßten. Können wir uns vorstellen, als Preis für solch einen sozialen Triumph ein ökologisches Desaster unberechenbaren Ausmaßes in Kauf zu nehmen? In einer begrenzten Welt sind auch die Ressourcen beschränkt. Die digitale Kommunikation kann helfen, dieses Problem zu lösen und dennoch die Zahl der Leser um ein Vielfaches erhöhen. Gegenwärtig überwiegt jedoch die Einsicht, daß Lesen am Bildschirm, egal ob am Fernseher oder am Computer, viel mehr ermüdet und weniger verlockend ist als ein Lesen von Printerzeugnissen und daß die dadurch erzwungene Körperhaltung viel vom bequemen Vergnügen vermissen läßt, das uns ein Buch bereitet. »Nach zwölf Stunden vor der Computerkonsole fühlen sich meine Augen an wie zwei Tennisbälle, und ich verspüre die Notwendigkeit, mich bequem in einen Sessel zu setzen und die Zeitung oder auch ein gutes Gedicht zu lesen«, meint Umberto Eco dazu.[43]

Bestimmt wird die Technik diese nebensächlichen Probleme in ein, zwei Jahrzehnten gelöst haben, so daß virtuelle Bibliotheken, für die man keine Wälder abholzen muß, ungestört wie Pilze aus dem Boden sprießen können. Daß wir uns in diese Richtung bewegen, erscheint mir unzweifelhaft. Die nach der Wiedervereinigung des Landes auf drei Städte (Leipzig, Frankfurt am Main und Berlin) verteilte Deutsche Bibliothek verfügt heute über einen Bestand von fünfzehn Millionen Titeln; sie sind alle elektronisch katalogisiert, und der Katalog ist im World Wide Web zugänglich. Gleichzeitig arbeitet man dank der guten Dienste des Servers Gabriel[44] eng mit anderen europäischen Nationalbibliotheken zusammen, um eine echte Virtuelle Europäische Bibliothek aufzubauen.

Der Cyberspace leistet der Buchkultur noch einen weiteren Dienst. Jede Bibliothek der Welt, die etwas auf sich hält, führt zu diesem Thema Unmengen an Veröffentlichungen. Unzählige Bücher werden geschrieben, und selbst die Gurus des Cyberspace wie Negroponte und Gates sind der Versuchung erlegen, ihr eigenes Werk in Buchform zu veröffentlichen. Denn nur so konnten sie die Hoffnung hegen, für ihre Leistung die intellektuelle Anerkennung der akademischen Welt und des allgemeinen Publikums zu erringen. Ansonsten erhöhen PCs und Internet den Verbrauch von Papier in Form ausgedruckter Daten gewaltig. Es scheint ganz so, als ob Bits Atome doch nicht völlig zu ersetzen vermögen. Der Regenwald des Amazonas ist weiterhin gefährdet, und das nicht zu knapp. In jeder Sekunde wird ein Hektar des weltweiten Waldbestands vernichtet. Wenn die Zerstörung in diesem Tempo weitergeht, verschwindet jährlich eine bewaldete Oberfläche in der Größenordnung von Belgien. Der Grund dafür liegt auf der Hand: Um zehntausend Exemplare eines fünfhundert Seiten starken Buches zu drucken, benötigt man etwa dreihundert Bäume als Rohstoff.[45]

In dem Tryptichon von Gründen bzw. Ausreden, die der Direktor des Media Lab in der Einleitung zu seinem Essay *Total digital*[46] als Erklärung dafür anführt, warum sich sein Denken zwar in ein Gebilde aus Atomen verwandelt, aber nie ganz in Form von Bits auflösen kann – was in seinem Fall durchaus angemessen wäre –, steht an oberster Stelle das Lob der Vorstellungskraft, die jedes Lesen erfordere. Diese Kreativität, die eine wesentliche Fähigkeit des Menschen darstellt, wird von den Kommunikationsmedien nicht auf die gleiche Weise gefördert. Ein Buch regt die Vorstellungskraft unendlich viel stärker an als ein audiovisuelles Produkt. Die digitale Revolution besteht natürlich darin, daß sich Dinge wie Texte, Klänge und Bilder, die bisher etwas ganz Verschiedenes waren, auf dieselbe Grundeinheit, das Bit, reduzieren lassen. Wenn sie aber einmal am Zielort zurückverwandelt worden sind, nehmen sie wieder die einzigartige und eigentümliche Qualität an, derer man sie im Zuge der Übertragung beraubt hatte. Kurz gesagt, scheinen die neuen Technologien als solche das Überleben der Schriftkultur prinzipiell nicht zu gefährden, sondern sogar eher noch zu fördern.

Problematisch ist freilich, daß die Bürger, statt zu lesen, immer mehr Zeit vor dem Fernseher oder im Internet zubringen. Lesen kostet im Gegensatz zum Fernsehen Mühe, was vielen Jugendlichen oder nicht so gebildeten Schichten die Lust daran raubt. Wunderbar in Worte gefaßt hat das jener Jugendliche, der, nach seinen Zukunftsvorstellungen befragt, schlagfertig antwortete: »Ich lese keine Bücher, ich will Millionär werden.«

Die Gesellschaft des Spektakels

Wie wir bereits erklärt haben, werden in wenigen Jahren Fernseher und Computer faktisch ein und derselbe Apparat sein, der je nach Speicherkapazität, Bildschirmauflösung und anderen Leistungsmerkmalen verschiedene Funktionen übernimmt. Über die digitalen Receiver können Abonnenten bereits heute hunderte von Fernseh- und Radioprogrammen in Stereoqualität empfangen. Darüber hinaus sucht man bereits nach Möglichkeiten, Decoder auch als Lesegeräte für optische CDs zu nutzen, um darauf Filme und Musik abspielen zu können. Bezeichnenderweise treibt die Gier nach Kultur- und Unterhaltungskonsum die Verschmelzung der Endgeräte voran. Das Hollywoodkino und die Sportliveübertragungen wecken bei den Verbrauchern die stärkste Aufmerksamkeit und die größte Begeisterung. Die zügige Einführung der neuen Technologien als Vehikel des Massenkonsums hängt also mehr von Kim Basinger und Harrison Ford oder berühmten Fußballern und Klubs ab als von den Planungen und Etats der jeweiligen Länder.
Der Einfluß des Fernsehens auf politische und soziale Prozesse verwandelt schon seit geraumer Zeit die zwischenmenschlichen Beziehungen in ein echtes Spektakel. Jeder

Ausdruck menschlichen Verhaltens nimmt in der Gesellschaft des Homo videns offensichtlich theatralische Züge an. Krieg, Tod, Religion, Sport, Mode – nichts entgeht dem Strudel, der unsere Existenz in eine Art Gefühlstheater verwandelt. Die Dominanz des Kinos unter den Massenspektakeln trägt, obgleich es sich dabei um eine fraktionierte, fragmentierte und weltweit verstreute Masse handelt, wie nichts anderes sonst zu der erwähnten Vereinheitlichung der Kultur bei. Der Dialog zwischen den Kulturen wird oft vom Imperativ des Actionkinos zum Schweigen gebracht, der uns aus den kalifornischen Filmstudios erreicht.

Die Digitalisierung der Fernsehsignale und die dadurch sinkenden Vertriebskosten werden die Zahl der Sender vervielfachen, was wiederum die Segmentierung der Zuschauerschaft und das Pay-TV vorantreiben wird. In den Vereinigten Staaten ist das Abonnement-Fernsehen aufgrund der wachsenden Kabelnetze weit verbreitet, ganz im Gegensatz zu den fortschrittlichen Ländern der Europäischen Union.[47] Es läßt sich dennoch leicht voraussagen, daß auch in diesen Ländern die Zahl der kodierten Fernsehsignale zunehmen wird. Das gleiche gilt im übrigen auch für andere Länder, die rechtzeitig die Weichen für diese Entwicklung gestellt haben. Am Ende wird dies auf dem audiovisuellen Sektor zu einem nicht unbeträchtlichen Wandel führen. Folglich läßt sich schon jetzt voraussagen, daß die Bürger die Zeit und das Geld, das sie für Unterhaltungszwecke ausgeben, anders investieren werden müssen als bisher. Ausgehen durch Zuhausebleiben zu ersetzen und sich mit digitalen Spielen oder Filmen zu vergnügen, muß indes nicht unbedingt den billigeren Freizeitspaß bedeuten.

Im übrigen wird das Pay-TV Berechnungen zufolge nur zehn bis zwölf Prozent des Volumens beim gesamten

Informationsgeschäft ausmachen. Die Übertragung von Daten und vor allem der Austausch und Dialog zwischen den Menschen werden wesentlich rentabler sein. Trotzdem wird das Fernsehen die Rolle des Lockvogels spielen, der viele Familien an die neuen Technologien heranführt. Daher auch die fundamentale Bedeutung, die dem Fernsehen für deren Entwicklung zukommt, und der erbitterte Kampf zwischen den Betreibern um die Inhalte.

Was das Kino betrifft, so übt Nordamerika einen umfassenden Druck aus. Selbst in Ländern wie Frankreich, in denen die lokale Filmindustrie einen besonderen Schutz genießt, beläuft sich der Umsatzanteil amerikanischer Filme auf siebzig Prozent. Über Bildschirm und Leinwand exportieren die Vereinigten Staaten schon seit Jahrzehnten ihre Ansichten über das Leben, reduzieren es auf einen Kampf zwischen Gut und Böse, womit sie im besten Sinne eine dramatische Tradition fortführen, und leisten so ihren besonderen Beitrag für die Ewigkeit. Serien wie *Dallas* oder *Denver Clan* waren taugliche Instrumente, um in die Köpfe der neuen Globalgesellschaft Mythen einzupflanzen, für deren Darstellung die Griechen noch auf Götter zurückgreifen mußten. Europäische Intellektuelle beklagen angesichts der Invasion nordamerikanischer Filmerzeugnisse den Verlust der kulturellen Identität, obwohl die Geschichten doch oftmals tief in der europäischen Tradition verwurzelt sind und die Filmindustrie von Schauspielern, Regisseuren und Drehbuchschreibern lebt, die vom alten Kontinent abstammen.

Meiner Meinung nach ist die Schlacht längst verloren, so wie sich auch die zeitgenössische Musik einst dem Ansturm des Rock'n'Roll beugen mußte. Der wesentliche Unterschied besteht in diesem Fall nur darin, daß es keine eigene Industrie zu schützen galt oder zumindest keine, die politisch oder kulturell von Bedeutung gewesen wäre.

Die Fragen nach der Zukunft lokaler Identitäten entbehren nicht einer ernstzunehmenden Grundlage: Entfremden wir uns von uns selbst, verändern wir uns so, daß wir uns am Ende gar nicht wiedererkennen? Der Widerstand derer, die besonders eifersüchtig über den Erhalt von Traditionen wachen, mag vielleicht heroisch sein, eine Zusammenarbeit ist meiner Meinung nach aber der einzig gangbare Weg. Wir müssen einfach anerkennen, daß die USA beim Film deshalb Triumphe feiern, weil sie das Geschäft in der Regel besser beherrschen als der Rest der Welt. Nur wenn wir das akzeptieren, können wir auf einen echten Dialog hoffen, auf eine neue Verbindung zwischen Globalem und Lokalem – von manchen schon scherzhaft als *Glokalisierung* bezeichnet. Und nur so werden autochtone Werte trotz der starken Tendenz zu Gleichmacherei eine Überlebenschance besitzen.

Unsere Gewohnheiten, unsere Lektüren, unsere Nahrung, unsere Prinzipien und unsere Werte werden durch das Kino und dessen Verbreitung via Fernsehen globalisiert. Und dabei stehen wir erst am Anfang. Die Einführung digitaler Dienste hat die Produktion von Inhalten in eine Krise geraten lassen und zu einem Engpaß bei der Deckung des riesigen Bedarfs geführt. Die wirtschaftliche und kreative Macht Hollywoods ist so groß, daß es für die Projekte, die es gerade ausbrütet, mit keinerlei Konkurrenz rechnen muß. Heute werden in den großen Studios jährlich über ein Dutzend Filme produziert, deren Budgets die Hundertmillionengrenze übersteigen. Die Notwendigkeit, diese immensen Investitionen wieder hereinzuholen, verwandelt den Markt immer mehr in eine Einbahnstraße. Der gesamte Prozeß gleicht der Schlange, die sich in den eigenen Schwanz beißt.

Durch den Impuls, der von der Filmindustrie ausgeht, verwandelt sich die Informationsgesellschaft allmählich in eine Unterhaltungs- und Freizeitgesellschaft. Die Designer von Videospielen machen nichts anderes, als in der virtuellen Realität die Geschichten zu reproduzieren, die das Kino seit seiner Erfindung hervorgebracht hat. Filmproduzenten haben inzwischen erkannt, daß sich das große Geld oftmals weniger mit dem Film selbst machen läßt, als vielmehr mit seinen Nebenprodukten, die sich durch einen Kassenerfolg wunderbar ausschlachten lassen, durch das also, was man neudeutsch *Merchandising* nennt. Das Kino ist eine mythenbildende Traumfabrik; die von ihm geschaffenen Verkörperungen universeller, allzumenschlicher Werte finden sich anschließend in den unterschiedlichsten Dingen wieder: in Puppen, Gesellschaftsspielen, Haushaltsgegenständen, Schulutensilien – nichts entgeht diesem Wahn. Überall sprießen Vergnügungsparks aus dem Boden als eine Art Kombination aus Abenteuer, Illusion und Risiko mit pädagogischem Anspruch. Arbeit, Studium und Freizeit fließen in einer einzigen Tätigkeit zusammen. Aufgrund der sich verringernden Arbeitszeiten und der höheren Lebenserwartung verfügen die Menschen über mehr Zeit, was dazu führt, daß die Unterhaltungsindustrie auf der Liste der rentabelsten Geschäftsfelder ganz oben zu finden ist. Die Verknüpfung mit den neuen Technologien, die Verflechtung mit den Kommunikationsmedien und die Computernetze bilden eine konzentrierte und ganz erstaunliche Mischung aus Intelligenz, Talent und Trivialität.

Auf die gleiche Weise hat die Faszination, die Sportliveübertragungen auf die Massen ausüben, die Preise für die Übertragungsrechte an den Olympischen Spielen oder den Fußballbegegnungen in die Höhe geschraubt. Das Fernsehen führt im Profisport zur Ausschüttung irrsinniger Geldsummen, die nicht immer in Händen von Leuten mit moralischer Integrität landen. Sportler sind die Helden unserer Zeit. Sie werden immer mehr zu Katalysatoren kollektiver Träume und zu gesellschaftlichen Vorbildern.

Manch einer hat geglaubt, daß sich mit der Ankunft der elektronischen Medien die Stadien und Konzertsäle leeren würden, weil man die Ereignisse ja ganz bequem von zuhause aus verfolgen kann. Genau das Gegenteil ist geschehen. Lenin sah in der Zeitung das Instrument zur Massenagitation, würde sich vielleicht aber noch einmal aus seinem Grab erheben, um herauszufinden, welchen Katalysatoreffekt die elektronischen Medien haben könnten. Denn diese haben unserem Leben einen bis dahin unvorstellbaren Showcharakter verliehen. Die Massenmedien mobilisieren die Menschen aus den unterschiedlichsten Gründen und für die Verteidigung nicht immer ganz einsichtiger Werte. Niemand hätte sich einmal vorstellen können, daß die Beerdigung von Lady Di so viele Engländer auf die Straße treiben würde, und das aus einem Bewunderungsgefühl heraus, das sich einer derart haltlosen Legende und der Ablehnung eines traditionellen Symbols wie der britischen Königsfamilie verdankte. Ähnliches läßt sich auch von anderen Ereignissen, etwa jenen Livespektakeln sagen, die hunderttausende Besucher physisch an einem Ort versammeln, während weitere Millionen dem Event am Fernseher beiwohnen. Die seltsame Kommunion zwischen denen, die zuhause bleiben, und jenen, die physisch anwesend sind, ist nahezu absolut.

Religiöse Zeremonien sowie politische und rechtliche Akte verlieren ihre ursprüngliche Bedeutung und müssen einer Liturgie der Freizeit weichen, für die das Fernsehen das Symbol ist. Das Starsystem hat sich überall breitgemacht: in den Zeitungen, im Radio, im Fernsehen, in den Datennetzen. Politiker verlieren oder gewinnen Wahlen nicht mehr so sehr aufgrund der Inhalte, die sie vertreten, als vielmehr aufgrund ihres jeweiligen Talents, medienwirksam aufzutreten. Geschäftsleute zerbrechen sich den Kopf darüber, mit welchen Anwendungen sie die Verbraucher in die Welt der Infobahnen locken können. Normalerweise schwanken sie zwischen Pornographie und Sport oder einer Mischung aus beidem, plus einer kleinen Dosis Gewalt.

Das virtuelle Klassenzimmer ist heute mehr denn je und auf so bedrückende wie unaufhaltsame Weise Realität. Lehrer, Familienväter und gesellschaftliche Führungskräfte müssen sich an die Perversität gewöhnen, die alles Wissen in Show zu verwandeln sucht. Tirso de Molina, der spanische Dichter des Goldenen Zeitalters, versuchte mit seinen Theaterstücken auf unterhaltsame Weise zu belehren. Die Herausforderung, die auf uns wartet, ist noch größer: Wir müssen auf belehrende Weise unterhalten. Den spielerischen Grundzug des Cyberspace und die von ihm verkörperte neue Welt eines elektronischen Komödiantentums sollte man ausnutzen, um dauerhaftes Interesse bei den Menschen zu wecken, mit dem Ziel, daß sie ihrerseits nicht unverrichteter Dinge von ihrer Reise zurückkommen, sondern Karten und Instrumente mitbringen, mit denen sich dann auf den Meeren der Cyberkultur navigieren läßt – mit gewissem Risiko zwar, aber dennoch voller Zuversicht.

6.

AUF DEM WEG ZU EINEM
UNIVERSALEN BEWUSSTSEIN

Wie wird die Informationsgesellschaft unser Leben verändern? Welche fundamentalen Auswirkungen wird sie auf die Organisation von Politik, das wirtschaftliche Wachstum, die Beziehungen der Menschen untereinander, den häuslichen Bereich und unser individuelles Verhalten haben? In den vorangegangenen Kapiteln haben wir einige Fragen rund um dieses Phänomen aufgeworfen, angesichts dessen bereits zuviel Tinte geflossen ist, die nur die Landschaft bekleckst und die Perspektiven verzerrt hat. Die Informationsgesellschaft weist die gleichen Merkmale auf, die auch den Zustand der Welt im allgemeinen definieren: Komplexität, Interdependenz, Unvorhersehbarkeit. Mit keinem anderen Thema läßt sich besser und direkter eine Welt beschreiben, deren Hauptmerkmal es ist, daß die Taten jedes Individuums, jeder Gruppe und jeder Institution mit dem Schicksal aller zusammenhängen. Dabei müssen wir uns fragen, wie lange unser Universum noch wachsen kann, ohne daß sich die natürlichen Ressourcen erschöpfen. Und wie lange wir noch eine nachhaltige Entwicklung und ein friedliches Zusammenleben der Völker garantieren können, wenn gleichzeitig eine enorme Ungleichheit die Menschheit bedroht. Die digitalen Technologien und ihre Verbreitung über die Infobahnen fügen dieser Situation eine weitere Aufgabe hinzu; eine Herausforderung, der wir Lehren und Vorahnungen entnehmen können.

Lärmschutzmaßnahmen

In den letzten Jahren mußten die Bewohner der Stadtrandgebiete eine unangenehme Erfahrung machen. Auf der Flucht vor Luftverschmutzung und Straßenverkehr hatten sie Wohnstätten fernab des Zentrums gesucht, um die fast ländliche Ruhe zu genießen. Heute sind sie in vielen Fällen von Autobahnen umzingelt, Gefangene von Verkehrsknotenpunkten, Brücken und Überführungen auf mehreren Ebenen. Statt blühenden Landschaften bietet der Blick aus dem Fenster nur die Aussicht auf Beton und Abgase. Der ohrenbetäubende Lärm, der von der Straße herauf dringt, machte den Einbau von Doppelglasfenstern erforderlich. Auf derselben Straße fahren mit hoher Geschwindigkeit anonyme Menschenmassen vorbei und erfüllen auf dem Weg zu und von der Arbeit die Luft mit donnerndem Lärm, nur um danach zuhause das gleiche Schicksal zu erleiden. Dort, auf ihren kleinen vermeintlichen Inseln des häuslichen Friedens, sind auch sie auf der Flucht vor den Angriffen einer aggressiven Umwelt. Gleichzeitig Opfer und Henker des verkehrstechnischen Fortschritts und der Transportmittel, wollen sie dennoch nicht auf die wunderbaren Güter verzichten, mag der dafür zu entrichtende Preis noch so hoch sein.
Ungeachtet seines hohen Pegels an den Schnellstraßen ist dieser Lärm dennoch unendlich viel geringer als jener, den die sogenannten Datenautobahnen heutzutage erzeugen. Darum befällt uns, wenn wir die vorhersehbaren Folgen ihrer Entwicklung ins Auge fassen, die Versuchung, unsere Häuser zu verbarrikadieren. Eine solche Vogel-

Strauß-Haltung ist natürlich grob fahrlässig; denn wir sollten nicht so blauäugig sein und meinen, es werde schon alles gutgehen. Das wäre etwa so, als würden wir ins Wasser springen, ohne vom Schwimmen auch nur die geringste Ahnung zu haben.

Die globale Informationsgesellschaft ist längst Wirklichkeit, sie gehört zu uns und wir gehören unbestreitbar zu ihr. Sie umgibt uns überall, überwältigt uns mit ihrer Fülle, lockt uns mit ihren Versprechungen und überfällt uns mit ihren Unwägbarkeiten. Diese Zukunft, die schon so nah ist, daß sie bereits Teil der Gegenwart geworden ist, wird heute auf wissenschaftlichen, politischen und geisteswissenschaftlichen Foren erörtert. Wie wir bereits weiter oben gezeigt haben, ist es vielleicht noch zu früh, um für alles eine schlüssige Anwort zu finden. Dennoch sollte man die Fragen, die sich ergeben, zumindest präzisieren und in den richtigen Kontext stellen.

Eilige Macht

In der neuen Informationsgesellschaft finden fundamentale Veränderungen in atemberaubendem Tempo statt. Als Konstante treffen wir auf

- die Geschwindigkeit, mit der im Netz – annähernd in Echtzeit – Informationen übertragen werden;
- die Geschwindigkeit, mit der Hardware und Software verändert und perfektioniert werden;
- die Geschwindigkeit, mit der die Zahl der Nutzer wächst. Im Internet wird ihre Zahl in weniger als zehn Jahren von null auf über hundert Millionen ansteigen, beim digitalen Fernsehen von null auf mehrere Dutzend Millionen. Keine Erfindung in der Menschheitsgeschichte hat je einen derart schnellen Fortschritt erlebt.

Es ist die Geschwindigkeit, die aus dem Phänomen etwas Revolutionäres macht. Viele Veränderungen in einem kurzen Zeitraum lassen eine geordnete Evolution nicht zu. Daß dies zu Fehlern führt, ist nicht so schwerwiegend wie die Tatsache, daß es dadurch so schwierig wird, den Prozeß zu steuern und zu kontrollieren. Eine moderne, entwickelte Gemeinschaft zeichnet sich aber gerade durch die Souveränität aus, mit der sie ihre eigenen Belange managt. Die Geschwindigkeit gibt der Entscheidungsfindung einen Rhythmus vor, der unweigerlich zu Improvisation, wenn nicht gar zu Unbesonnenheit führt.

Im industriellen Sektor lassen sich Produkte, von denen wir glaubten, sie würden bestens angenommen wie die CD-I[48], nicht am Markt plazieren. So gibt es auch ernsthafte Bedenken über Zukunft und Gebrauch der CD-ROM, und der Ausbau des Kabelnetzes ist zumindest dort, wo noch keines existiert, durch das digitale Direct-to-Home-Satellitenfernsehen (DTH) in Frage gestellt.

Im Bereich der Rechtssprechung werden Gesetzgebungen schnell obsolet, und die Gefahr, daß man sich über Normen einfach hinwegsetzt, wächst.

In der Politik sehen sich die Verantwortlichen gezwungen, wie in einem permanenten Kriegs- oder Ausnahmezustand Ad-hoc-Entscheidungen zu treffen, und das bei Fragen, in denen sie sich kaum auskennen.

Im Handel werden Verkaufszahlen, ähnlich wie die Einschaltquoten im Fernsehen, nur noch in Sekunden gemessen.

Was die Inhalte und das Material im Netz angeht, so bedingt die Geschwindigkeit auch eine Gefräßigkeit des Systems, und Produzenten sehen sich immer häufiger außerstande, es zu füttern. Die Überfülle an Information ist unter anderem die Konsequenz aus der Notwendigkeit, die Bestie ununterbrochen zu nähren. Die Designer und

Hersteller audiovisueller Produkte sind gleichermaßen nicht in der Lage, die vielfältigen Distributionskanäle qualitativ gut und schnell zu versorgen.

Die neuen Generationen sind zu einem Leben auf der Überholspur verdammt; ohnehin ist Schnelligkeit das bestimmende Merkmal der Kommunikationsgesellschaft. Ereignisse an der Tokioter Börse bestimmen unmittelbar die Haussen und Baissen der westlichen Märkte, was wiederum Einfluß auf Spar- oder Investitionsentscheidungen von Millionen von Menschen hat. Milliarden Dollar werden in Sekundenschnelle von einem Ort der Welt zum anderen verschoben[49] und verursachen auf diese Weise Währungskrisen, die die einen ruinieren und die anderen sanieren.

Geschwindigkeit ist das Gegenteil von Reflexion, verhindert den Zweifel und erschwert das Lernen. Die heutige Zeit zwingt uns, schneller statt besser zu denken. Tatsächlich ist man meist im nachhinein klüger.

Die Unmittelbarkeit des Prozesses zerstört tendenziell den Begriff der Zeit. Seit Jahrzehnten schon nimmt der Mensch die Zeitzonen nicht mehr ernst und reist schneller als der Schall. Bits bewegen sich mit Lichtgeschwindigkeit, unabhängig davon, ob sie nun Filme, Informationen, Wörter oder Musik transportieren. Die berühmte Zeitmaschine scheint durch den Cyberspace Wirklichkeit geworden zu sein.

Das heißt, nicht ganz: Auf der einen Seite scheinen wir zwar die Zeit besiegt zu haben, auf der anderen Seite aber weist der Zeitmangel, dem wir täglich unterliegen, eine selbstzerstörerische Tendenz auf. Dieser Zeitmangel des modernen Menschen, der sich unablässig abrackert und immer zusehen muß, daß er der Uhr ein paar Minuten raubt, der angesichts der riesigen Zahl von Büchern, Zeitungen, Radio- und Fernsehprogrammen, die seine Aufmerksamkeit beanspruchen, nie auf dem Laufenden sein kann, steht im Widerspruch zur Auslöschung der zeitlichen Dimension auf den Infobahnen. Auf den Infobahnen selbst verschwindet die Zeit, im Gegensatz zu der ihrer Nutzer.

Die virtuelle Welt ist eine Welt ohne Dimensionen, weil sie nicht aus Atomen besteht. Zeit und Raum existieren nicht. Dort herrscht immer ein Hier und Jetzt, in jedem Augenblick, an jedem Ort. Beide Vorstellungen lösen sich auf, vermischen sich und erzeugen so ein andersartiges und flüchtiges Universum. Die Bezüge verändern sich. Nur wer dieses Phänomen begreift und nicht als bloße Metapher abtut, wird die Chancen der neuen Technologien nutzen und sich vor ihren Gefahren in acht nehmen können.

Wachstum ohne Grenzen ...

... oder zumindest mit keinen uns bekannten. Der Club of Rome, die Institution, unter deren Schirmherrschaft dieses Buch entstanden ist, hat uns darin erinnert, daß die Ressourcen des Planeten keineswegs unerschöpflich sind.[50] Auf dem Gebiet der Kommunikation aber ist das Wachstum stetig und fast unbegrenzt. Zwischen 1985 und 1995 hat sich der internationale Telefonverkehr mehr als verdreifacht, was sich zum großen Teil auf die fulminante Entwicklung beim Internet und Mobilfunk zurückführen läßt. Man rechnet für das Jahr 2000 mit über 100 Millionen Netz-Usern und mehr als 250 Millionen Besitzern von schnurlosen (analogen oder digitalen) Telefonen.[51] Frei von geographischen und zeitlichen Grenzen reproduziert die Kommunikationsgesellschaft allmählich Modelle des unbegrenzten Wachstums.

Die Konvergenz der Technologien ist eine Grundvoraussetzung dieses Prozesses. Bislang hat eine Technik immer die andere ersetzt – das Auto die Postkutsche, das Flugzeug die Eisenbahn, das Fax die Post oder das Telegramm. Im Gegensatz dazu führt die digitale Welt zu ihrer Integration. Die Infobahnen ebnen den Weg für eine Verbindung zwischen Telekommunikation, Computertechnik, Massenmedien, Freizeit und Unterhaltung. Es ist unwahrscheinlich, daß im Zuge dieser Entwicklung die analogen Systeme kurzfristig vollständig ersetzt werden; sie werden in vielen Fällen als Alternative überleben. Dennoch nähern wir uns in Riesenschritten einer grundlegend digitalen Welt. Die Hindernisse auf dem Weg dorthin sind nicht technologischer, sondern ökonomischer, sozialer, politischer und menschlicher Natur.

Technologen haben die Tendenz, die Gesellschaft nach mechanistischen Vorstellungen zu organisieren oder sich ihren Vorgaben sklavisch anzupassen. Darin liegt eine große Gefahr. Die Informationsgesellschaft bedeutet für Soziologen, Psychologen, Erzieher, Politiker, Philosophen, Wirtschaftsleute und Juristen eine vordringliche Herausforderung. An sie, und nicht so sehr an Physiker und Computerfachleute, wenden wir uns mit unseren Fragen.

Wie in Zukunft unser Alltagsleben aussehen wird, hängt zu einem nicht unwesentlichen Teil von der Bandbreite ab, die wir für die Telekommunikation nutzen können. Bislang arbeiten wir grundsätzlich mit einem engen Band, wodurch die Kapazität des Systems doch sehr eingeschränkt ist. Die Hardwareindustrie wird einen unvorstellbaren Schub nach vorn erfahren, sobald eine digitale Komprimierung der Signale, Breitbandnetze sowie entsprechende Endgeräte die Basis für die Informationsgesellschaft bilden. Es wird indes noch einige Zeit dauern, bis dies zum allgemeinen Standard wird.

Man darf wohl weiterhin skeptisch bleiben, ob es Sinn macht, im Namen eines freien Wettbewerbs kostenintensive Infrastrukturen wie zum Beispiel Glasfaserkabelsysteme zu verdoppeln. Die traditionelle Rolle der Telefongesellschaften, die bislang Informationen und Gespräche nur übermittelten, aber nicht bei den Inhalten mitmischten, wird sich grundlegend ändern. Auf jeden Fall muß man ihre Aktivitäten einschränken, handelt es sich doch um Unternehmen, die vor noch nicht allzu langer Zeit ein Monopol innehatten und immer noch den besonderen Schutz staatlicher Aufsichtsbehörden genießen. Vor diesem Hintergrund bildet deren Einflußnahme auf die Inhalte der Kommunikation eine evidente Gefahr für die freie Meinungsäußerung.

Im Gegensatz zu denjenigen, die einen Kampf zwischen Satellit und Kabel voraussagen, nehmen wir eher an, daß sich beide wechselseitig ergänzen werden. So gesehen sollte man herausfinden, ob es wirklich nötig ist, in einer Gegend oder Gemeinde das Kabelnetz zu verdoppeln, oder ob es nicht ausreicht, ein einziges System zu installieren, das allen Ansprüchen genügt. Wem diese Installationen letztendlich aber gehören werden und wie man mit den Carriern und Providern verfahren soll, steht noch in den Sternen. Die Vervielfachung einer so teuren Infrastruktur erscheint jedenfalls überflüssig, besonders in Ländern mit begrenzten ökonomischen Mitteln.

Was die Endgeräte anbelangt, so ist fraglich, ob unbedingt alle Anwendungen in einem einzigen System integriert werden müssen, um für alle Multimediadienstleistungen gerüstet zu sein. Die Verschmelzung von PC und Fernseher ist unterdessen bereits in vollem Gange. Die Diskussionen über einen universellen Standard bei den digitalen Decodern und über den Nutzen, den das für den Markt insgesamt hätte, werden die Industrie und die Gesetzgeber in den kommenden Jahren weiter beschäftigen. Die Einführung von Internet-TV, die bestimmt nicht mehr lange auf sich warten läßt, dürfte die aktuelle Situation über den Haufen werfen und dazu beitragen, daß der Wettbewerb unter den Betreibern sprunghaft ansteigt.

Das Chaos beherrschen

Die besonderen Charakteristika des Internets lassen den Verdacht aufkommen, daß es dem Chaos Vorschub leistet. Das Verschwinden sichtbarer Hierarchien im Netz und sein autonomes Wachstum überantworten viele Entscheidungen dem Nutzer.

Die chaotischen Aspekte, die diesem Prozeß innewohnen, werden manchmal als positiv verbucht, denn man erblickt darin einen Fortschritt hin zu mehr persönlicher Freiheit. Auf der anderen Seite eröffnen sich inmitten dieser Unordnung Kontrollmöglichkeiten, die umfassender und präziser sind, als so mancher zu glauben bereit ist.

Die Liberalisierung ist der Grund dafür, warum sich Regierungen und supranationale Organisationen so sehr damit beeilen, Normen aufzustellen, die den Wettbewerb auf diesem Sektor regeln. Dieses offensichtliche Paradox kommt in der Geschichte der öffentlichen Verwaltung nicht zum ersten Mal vor; in manchen Ländern ist man ja schon so weit gegangen, ein Ministerium für Entbürokratisierung einzurichten. Schlimm an der ganzen Angelegenheit ist nur, daß die Regulierer sich bei der Erfüllung ihrer Aufgabe von Vorstellungen leiten lassen, die dem Problem nicht angemessen sind. Viele Normen erblicken das Licht der Welt so spät, daß sie schon gar nicht mehr tauglich sind. In diesem Zusammenhang sei nur an den Fall der europäischen Norm für das hochauflösende Fernsehen (HDTV) erinnert. Das Tempo und die Sorgfalt, mit der Beamte ihrer Arbeit nachgehen, hat mit dem Rhythmus, den Industrie und Verbraucher vorgeben, nichts zu tun. Grundsätzlich sollte man so wenig wie möglich regulieren, wenn man die Einführung der neuen Technologien nicht behindern oder verzögern will.

Es kommt also entscheidend auf das Wettbewerbs- und Kartellrecht an. Sowohl die amerikanische Bundesregierung als auch die Europäische Kommission schenken diesen Aspekten große Aufmerksamkeit, da der Telekommunikationssektor immer schon von Monopolen oder Oligopolen geprägt war. Es herrscht die weitverbreitete Meinung – und dies gilt besonders für die Europäer –, daß ein wirklich freier Wettbewerb nur zu einer Verlangsamung des Prozesses und mittelfristig zu einer Unternehmenskonzentration führt. Die Vertreter dieser Ansicht argumentieren, daß die Investitionen, die nötig sind, um sich auf einem globalem Markt zu behaupten, die Schwächeren jeder Überlebenschance beraube. Daraus ziehen sie den Schluß, daß nicht der Markt, sondern wieder einmal der Staat den Impuls für die Entwicklung der Netze geben müsse, wenn nötig auch mit öffentlichen Geldern. So weit wird es wahrscheinlich gar nicht kommen. Der Staat muß allerdings darauf achten, daß allen Bürgern gleichermaßen Zugang gewährt wird, um neue Diskriminierungen zu vermeiden.

Eine globale Welt führt tendenziell zur Schaffung globaler Unternehmen. Bei diesem Prozeß, der schon vor Jahrzehnten begonnen hat, handelt es sich in Wahrheit um eine Amerikanisierung, nur daß zu der politischen und wirtschaftlichen Macht noch die technologische und kulturelle hinzukommt.

Die Unternehmen werden derartig groß sein (und sind es zum Teil bereits), daß sie es durchaus mit Regierungen aufnehmen können. In vielen Ländern werden sich deshalb die Regierungen gegenüber den großen Unternehmen unterwürfig und zuvorkommend zeigen; denn ohne deren Mithilfe könnten sie ihre wirtschaftliche Rückständigkeit nie überwinden. Der Staat – erinnern wir uns: zu groß für die kleinen Angelegenheiten und zu klein für die großen – wird seinen Handlungsspielraum einschränken und seinen Einflußbereich verkleinern müssen und beides möglicherweise dadurch kompensieren, daß er den verbleibenden, begrenzten Rest einer größeren Kontrolle unterwirft. Er wird mehr Herrschaft über weniger ausüben, autoritärer auftreten, mit mehr Zwangsmitteln und größerer Willkür verfahren. Die Macht wird sich in Richtung der großen Unternehmen verschieben, die keine demokratische Legitimation besitzen und auch nicht dem Gemeinwohl verpflichtet sind. Letzteres will gar nicht einmal besagen, daß für multinationale Konzerne keine ethischen Prinzipien gelten, sondern nur, daß sich die moralische Natur der Macht selbst verändern wird. Ebensowenig sollte diese Erkenntnis den Regierungen zum Vorwand dienen, sich dem Aufbau von Unternehmenskonglomeraten zu widersetzen, denn damit schaden sie der wirtschaftlichen Wettbewerbsfähigkeit ihrer Länder. Die Konvergenz der Technologien, die sich gegenseitig ergänzenden Medien, die Integration von Aktivitäten und die Notwendigkeit, Operationen in größerem Maßstab durchzuführen, werden in jedem Fall die Zahl der Unternehmensallianzen, Fusionen und Übernahmen weiter erhöhen. Auf planetarischen Maßstab umgerechnet, werden immer weniger Personen über immer mehr Dinge entscheiden.

Die Globalisierung des Marktes erfordert eine entsprechende Gesetzgebung. Dringend notwendig sind darüber hinaus internationale Vereinbarungen über einige grundsätzliche Fragen, beispielsweise wer die Inhalte kontrollieren soll, wer für sie die Verantwortung trägt und wie es um das Urheberrecht bestellt ist. Versuche, im Netz eine Art Zensur vorzunehmen, scheinen fruchtlos. Auf der anderen Seite ist auch der Traum von der absoluten Freiheit nur ein Wahn. Wir haben bereits erlebt, wie die Unternehmen selbst Zensurmaßnahmen ergriffen haben, für die sie vor keinem Parlament Rechenschaft ablegen müssen. Auch kann es nicht angehen, daß man sich im Namen der Freiheit der Kampfmittel gegen Cyberverbrechen beraubt und Minderjährige einfach ihrem Schicksal überläßt.

Vor allem erscheint es äußerst wichtig, Wege zu finden, wie man den Schutz der Privatsphäre garantieren kann, sowohl denjenigen gegenüber, die im Netz das Sagen haben, als auch gegenüber den Hackern, die dort ihr Unwesen treiben. Gleichermaßen muß man mithilfe von Verschlüsselungssystemen, die für alle gelten und auch von allen akzeptiert werden, Sicherheit bei wirtschaftlichen Transaktionen gewährleisten.

Die strafrechtliche Verfolgung von Delinquenz im Netz wird nicht einfach sein, denn es fehlt nicht nur an entsprechenden Normen, sondern auch an schlagkräftigen Möglichkeiten, deren Einhaltung durchzusetzen. Die neuen Technologien schaffen durch die Art und Weise, wie man dort operieren kann, neuartige Typen von Verbrechen, und darauf muß der Gesetzgeber schnell und umfassend reagieren. Die Unterschiede zwischen den einzelnen Ländern hinsichtlich der Strafbarkeit bestimmter Handlungen und Tatbestände erschwert die ganze Angelegenheit. Der Staat wird, freiwillig oder gezwungenermaßen, Einbußen an Souveränität zu verzeichnen haben. Die globale Informationsgesellschaft ist nicht allein dafür verantwortlich, treibt die Entwicklung in diese Richtung jedoch voran. Das bedeutet nun nicht, daß in letzter Konsequenz der Staat im Netz gar nicht mehr vorkommt oder der Markt einzig und allein zum Spielball ungezählter autonomer Entscheidungen wird. Die Konzentration von Macht im multinationalen Maßstab über Geld, Technologie, Kommunikationsmittel, Information und Unterhaltung in den Händen einiger weniger Herren wird indessen zu einer wahrhaft neuen internationalen Ordnung führen. Noch können wir nicht absehen, welche Folgen das haben wird. Eine Konsequenz könnte darin bestehen, daß die Unterschiede zwischen armen und entwickelten Ländern weiter zunehmen und die duale Gesellschaft – selbst im nationalen Maßstab – immer stärker an Boden gewinnt. Zwei neue Klassen drohen zu entstehen: die *information rich* und die *information poor*.

Der Konzentrationssprozeß bei den Unternehmen findet seine Entsprechung auch an den Märkten. 85 Prozent des weltweiten Geschäftsvolumens auf dem Telekommunikationssektor findet in den Vereinigten Staaten, in der Europäischen Union und Japan statt. Die Chancen auf Beschäftigung, Bildung, Freizeit und Wohlstand derer, die Teil des Systems sind, werden geradezu exponentiell ansteigen, während diejenigen, die sowieso schon marginalisiert sind, hilflos mitansehen müssen, wie ihre Randständigkeit und ihre Entfremdung von einer Gesellschaft, in die sie sich vergeblich zu integrieren versuchen, noch zunehmen.

Alle werden Teil einer neuen globalen Weltstruktur sein – die einen als Herren, die anderen als Knechte. Natürlich könnten wir unser gutes Gewissen mit der Behauptung beruhigen, diese wenig wünschenswerte Situation ließe sich schon irgendwie vermeiden. Nur ist das ziemlich unwahrscheinlich. Die Globalisierung ist ein Prozeß, der alle betreffen wird, und auch die weniger entwickelten Länder werden seine Auswirkungen zu spüren bekommen, wenn das nicht schon längst der Fall ist. Dabei werden sie nicht so einfach eine aktive Rolle innerhalb des neuen Systems spielen können. Die Probleme, Träume, Lösungen und Versprechen, welche die neuen Technologien mit sich bringen, durchdringen auf eine obsessive Weise die Lebensformen der westlichen Welt, die als Filter des gesamten Prozesses ihrer Durchsetzung agiert.

Diese diskriminierenden Unterschiede zwischen Ländern, Kulturen und sozialen Klassen richten insbesondere auf dem Bildungssektor immense Schäden an. Denn gerade dort sollten die Investitionen und die Aktivitäten auf den Infobahnen besonders groß sein. Es wurde schon allzu häufig nachdrücklich darauf hingewiesen, daß die traditionellen Bildungssysteme ein Auslaufmodell seien und einer Wissensgesellschaft Platz machen sollten. Die globale Informationsgesellschaft hat aufgrund von Phänomenen wie dem Internet, aber auch aufgrund oder dank der Übermacht des Audiovisuellen eine ungeheure Auswirkung auf das Bildungsniveau. Regierungen und internationale Organisationen sollten ihre Bildungsausgaben verstärkt auf diese Gebiete verlagern, wenn sie möchten, daß die Schulbildung ein Garant für die Chancengleichheit in der modernen Gesellschaft bleibt.

Auf der anderen Seite sollten sie nicht weiter der Hoffnung anhängen, daß die Maschinen und die autodidaktische Herangehensweise ihrer Nutzer es schon irgendwie richten werden. Die klassischen Ausbildungszentren werden auch weiterhin ihre Funktion erfüllen, und auch die Funktion des Lehrers wird essentiell wichtig bleiben. Eines der grundlegenden Probleme wird deshalb darin bestehen, Lehrer auf eine Weise weiterzubilden, die es ihnen erlaubt, sich im Cyberspace zurechtzufinden, ohne Angst haben zu müssen, sich vor ihren Schülern lächerlich zu machen.

Die durch die neuen Technologien eröffneten Geschäfts-
möglichkeiten liegen noch weitgehend brach, obgleich niemand ihre Existenz und Fülle anzuzweifeln scheint. Die
großen Provider, die Netzeigentümer und die Hardware-
Hersteller müssen aufgrund des gewaltigen Marktes enorme Anfangsinvestitionen tätigen. Um den elektronischen
Handel in welcher Form auch immer zu potenzieren,
bedarf es sicherer und legaler Methoden für die Durchführung von Transaktionen. Nationale und internationale
Behörden haben kein Vertrauen in eine Selbstregulierung
seitens der Betreiber.

Früher oder später werden die Infobahnen die Art und
Weise verändern, in der wir arbeiten, einkaufen und
Geschäfte machen. Es steht zu befürchten, daß die fort-
schrittlichsten Techniken Arbeitsplätze zerstören, wenngleich sie langfristig wohl auch neue und höherqualifizier-
te schaffen. Deshalb ist es auch so wichtig, die Unterschiede im Bildungsniveau zwischen den Individuen bzw.
ganzen Schichten nicht zu vergrößern. Das Netz wird die
Lage auf dem Arbeitsmarkt noch prekärer machen, als
wir es gerade erleben.

Wenn die globale Informationsgesellschaft auch nicht von
sich aus positive Antworten auf das Problem der Arbeitslosigkeit liefert (eher wird sie die Unwägbarkeiten und
Risiken erhöhen), so wird sie doch auf jeden Fall die Art
und Weise, wie Menschen ihrer Arbeit nachgehen, grundlegend verändern. Sie wird die Produktionszentren ausla-
gern, die Heimarbeit vorantreiben, die Zahl der Selbstän-
digen erhöhen, die Arbeitszeiten flexibler gestalten und
tiefgreifende Auswirkungen auf die Organisation von Unternehmen haben – kurz, sie wird die Wirtschaftswelt insgesamt revolutionieren. Daneben wird sie viele Produktionsprozesse erleichtern. Nur ein Beispiel: Bis ein neuer
Explosionsmotor entworfen war, gingen früher über der

Ausarbeitung von Plänen und der Kalkulation von Kosten Monate ins Land; heute benötigt dieser Prozeß dank der digitalen Infographik manchmal nur ein paar Tage.

Im kaufmännischen Bereich werden die Netze zum Aussterben des Zwischenhandels und dadurch zu sinkenden Vertriebskosten führen. Gleiches gilt für die Produktion vor Ort.

Homo videns

Die globale Informationsgesellschaft hat ihre Wurzeln in der Bildkultur. Während eine Schriftkultur mit Abstraktionen arbeitet, wird eine Verbreitung von Information über audiovisuelle Medien begriffliches Denken und begriffliche Verknüpfungen erschweren. Das wiederum erschüttert die Art, wie wir Wissen erwerben und wie wir denken. Zwar lernt es sich am Fernseher bequemer, gleichzeitig fällt aber die geistige Verarbeitung schwerer.

Seit der Erfindung des Alphabets basiert unsere Gesellschaft in all ihren Aspekten auf Wissens- und Ausdruckssystemen, die heute, zumindest teilweise, bedroht sind. Welche Konsequenzen das haben wird, ist im Augenblick noch gar nicht absehbar. Eine Ahnung davon geben uns aber schon bestimmte Gewohnheiten, die sich bei uns eingeschlichen haben.

Die Bildkultur ist eng verknüpft mit der Kultur des Spektakels. Unter der Ägide des Audiovisuellen sehen wir nicht mehr einfach nur Dinge, die sich ereignen. Vielmehr geschehen diese Ereignisse nur, *damit* wir sie sehen. So hat der Showcharakter auf alles übergegriffen: auf Politik, Justiz, Wirtschaft und Religion.

Die Tatsache, daß wir über mehr Freizeit verfügen, fördert die Entwicklung hin zu einer Kultur der Muße und Unterhaltung. Je mehr Raum Freizeit und Unterhaltung aber im Leben der Menschen einnehmen, desto mehr lösen sich deren Konturen auf. Der heutige Homo videns ist auch ein Homo ludens. Er spielt, während er arbeitet, lernt oder lehrt, gehorcht oder befiehlt.

Im Reich der Paradoxien

Das Paradox ist ein Charakteristikum unserer Zivilisation, das sich im kommenden Jahrtausend wahrscheinlich noch stärker bemerkbar machen wird. Zu dieser Entwicklung wird der Cyberspace ein Gutteil beitragen.

Auf der einen Seite nimmt unsere Existenz immer globalere Dimensionen an, auf der anderen Seite gewinnt das Individuelle und Lokale verstärkt an Bedeutung. Beide Dimensionen scheinen inmitten des medialen Magmas aus Licht und Schatten eine identitätsstiftende Wirkung zu besitzen. Der berühmte Slogan *Think global, act local*[52] erhält so seinen Sinn. In einer Welt, die nach Konzentration und Einheit strebt, gedeihen Nationalismen, Rassismen, Partikularismen und Tribalismen.

Zwar sind wir es gewohnt, mit Informationen überschüttet zu werden, können aber dennoch nicht behaupten, besser informiert zu sein. Der Datenexzeß kann der direkte Grund für unsere Unwissenheit sein.

Während einerseits Millionen Cybernauten, die sich im Netz tummeln, davon überzeugt sind, sich dort ihren Traum von Freiheit zu erfüllen, den Autoritäten ein Schnippchen zu schlagen und persönliche Autonomie zu genießen, springt andererseits ins Auge, daß die Tendenz zur Machtkonzentration zunimmt. Immer weniger Instanzen haben die Kontrolle über das System inne. Und der Nutzer, einerseits begeistert, weil ihm·das Netz das Gefühl vermittelt, Weltbürger zu sein und ihn außerdem zu einer Art universalem Gesprächspartner macht, verspürt andererseits, wie er immer mehr in sich selbst versinkt, und zwar auf eine Art, die fast schon an Autismus grenzt. Berauscht von einer virtuellen Welt der Vorstellungen, entfernt er sich immer weiter von seinen Nächsten, seiner Familie, seinen Nachbarn und Freunden.

Im kulturellen Bereich verkündet man den autonomen Menschen. Aufgrund der Möglichkeiten von Hypertext und Hypermedia entstehen neue Formen der Zusammenarbeit; gleichzeitig wächst aber auch der Trend zur kulturellen Nivellierung.

Das Fehlen von Hierarchien im Netz führt zum Verschwinden fester Werte und verläßlicher Kriterien, die Grundvoraussetzung für kritische Zweifel sind. Wenn alles fraglich wird, ist nichts mehr fragwürdig. Mit anderen Worten: Man verkündet das Ende von Buch und Alphabet, und dank der Leitungsfähigkeit eines Apparats, der einer Schreibmaschine ähnelt, verbraucht man dafür tonnenweise Papier und produziert Hunderte von neuen Büchern.

Und schließlich die Interaktivität, der gefeierte Beitrag des Netzes zu einem menschlicheren Umgang: sie äußert sich zunächst einmal in dem nervösen Zwang, einer schalen Passivität zu entfliehen, und in dem Wunsch, sich in den Weiten des World Wide Web nicht zu verlieren.

Das Resultat all dessen könnte die Nachbildung einer Welt sein, in der das Paradox zum Motor für Kreativität und Geist wird; oder aber einer Welt, in der die Verwirrung den Sieg davonträgt. Wenn es uns gelingt, die Schreckensvisionen nicht wahr werden zu lassen, sondern statt dessen Pluralismus und Vielfalt zur Basis einer Globalkultur zu machen, dann leisten wir einen Beitrag zu einem *universalen Bewußtsein,* wie man das Abstecken eines allseits akzeptierten Minimalrahmens nennen könnte, der es allen Menschen gleichermaßen erlaubt, sich als Bürger *einer* Welt zu fühlen, ausgestattet mit den gleichen Rechten und Pflichten.

Das ist leicht gesagt, aber schwer getan. Einmal angenommen, die sogenannte westliche Kultur, die Wiege des Cyberspace, würde unabänderliche Prinzipien kennen und schützen, auf denen sich dieses universale Wertesystem errichten ließe – dann müßte man immer noch festlegen, was an den jeweils besonderen Bestimmungen jedes einzelnen Stammes und jeder einzelnen Gruppe von Individuen wesentlich und was nebensächlich ist.

Aus dem gleichen Grund müßte man den Dialog zwischen den Kulturen fördern und dürfte nicht zulassen, daß im Prozeß der Vereinheitlichung einige Zivilisationen den Sieg über andere davontragen. Genauso müßte man sich aber auch einem absurden Synkretismus widersetzen, der ein Besser oder Schlechter nicht kennt, noch sonst irgendwelche Kategorien zuläßt. Niemand wird den historischen Fortschritt leugnen, den die Rechtssicherheit oder die Grundprinzipien der Demokratie dem Individuum gebracht haben: das allgemeine Wahlrecht, das Prinzip der Mehrheitsentscheidung bei gleichzeitigem Minderheitenschutz.

Die globale Informationsgesellschaft kann und muß zur Verbreitung dieser Prinzipien die Praxis der Toleranz und des Dialogs beisteuern. Oder um es mit den Worten von Jacques Le Goff, dem Direktor der École des Hautes Études en Sciences Sociales, zu sagen: »Es geht nicht darum, die Vielfalt auf eine Einheit zu reduzieren, sondern Konvergenz in der Vielfalt zu erreichen.«[53] Dazu bedarf es eines politischen Willens und klarer Überzeugungen; denn nur so lassen sich die Voraussetzungen für einen dauerhaften Frieden schaffen. In einer Welt, in der die Unterschiede wachsen und die Ideologien aufeinanderprallen, läßt sich das nicht erreichen.

Man kann die Infobahnen aber nur dann für eine Verständigung zwischen den verschiedenen Nationalitäten, Rassen, Religionen und Kulturen einsetzen, wenn man den notleidenden Menschen hilft, völlig unabhängig davon, ob sie in unterentwickelten Ländern oder in den Vorstädten reicher Nationen leben.

Die digitale Gesellschaft könnte ein ausgezeichnetes Instrument darstellen, um die Gleichheit aller zu verwirklichen, ohne deswegen auf Pluralismus verzichten zu müssen. Sie kann aber auch zu einer weiteren Form von Unterdrückung ausarten. Hierin liegt das größte und erschreckendste Paradox unserer modernen Existenz. Der Mensch, Erfinder und Herr der Technologie, droht zu ihrem Sklaven werden. Damit dies nicht geschieht, muß er unablässig seine zentrale Rolle in der Welt zurückerobern.

André Danzin erklärt, daß wir der Entstehung einer dritten Weltanschauung beiwohnen.[54] In der ersten (aristotelisch-ptolemäischen) hatte man uns erklärt, das Universum sei für den Menschen geschaffen und die Erde sein Mittelpunkt. In der zweiten (kopernikanisch-galileischen) hatte man uns belehrt, daß die Erde nur ein Planet unter anderen und unveränderlichen physikalischen Gesetzen unterworfen sei. Der Mensch war nicht mehr der Herr der Welt. In der dritten, gerade entstehenden Weltanschauung, verschmilzt unsere Vorstellung vom Universum mit der Geschichte. Wir räumen, sagt Danzin, der Information einen privilegierten Platz unter allen Phänomenen ein, womit der Mensch wieder in den Mittelpunkt der Schöpfung rückt; denn er ist allen anderen bekannten Wesen an Lernfähigkeit und Denkkraft überlegen.

Die bloße Tatsache, daß wir ständig wiederholen müssen, was doch so offenkundig ist, läßt die Notwendigkeit hervortreten, diese Fragen stärker zu diskutieren. Nur durch den Einsatz gewaltiger Geldsummen aus öffentlicher und privater Hand wird sich jedoch verhindern lassen, daß die digitale Informationsgesellschaft die Gräben zwischen den Kulturen und Systemen noch vertieft. Und wir müssen dieses Geld kontinuierlich und beharrlich in die Bürger investieren, nicht nur, damit sie mit den neuen Technologien umzugehen lernen, sondern auch, damit sie begreifen, welche Folgen diese Technologien haben werden. Nur auf diese Weise werden die Bewohner des dritten Jahrtausends lernen, heiter und zuversichtlich ihre unmittelbare Zukunft als Reisende im Cyberspace selbst in die Hand zu nehmen.

ANMERKUNGEN

1 Clifford Stoll: *Die Wüste Internet*. Frankfurt am Main 1996.

2 Kommunistische Partei bzw. partito comunista oder parti communiste.

3 Diese Beobachtung verdankt sich Eberhard von Koerber, dem Vizepräsidenten des multinationalen Konzerns Asean Brown Bovery (ABB). Innerhalb seiner Firma konnte er selbst feststellen, wie groß die Distanz ist, die beide Generationen voneinander trennt und für die er deshalb die Kürzel *bc* (before computer) und *ac* (after computer) verwendet.

4 Der Club of Rome ist eine private Organisation, die hundert Persönlichkeiten aus fünfzig verschiedenen Ländern vereint. Intellektuelle, Politiker und Unternehmer jeglicher Coleur haben sich unter diesem Dach zusammengeschlossen, um aktuelle Probleme zu studieren. Der Club wurde über Nacht berühmt, als er in den siebziger Jahren den Bericht *Die Grenzen des Wachstums* veröffentlichte, der von einem Team des Massachusetts Institute of Technology (MIT) erarbeitet worden war.

5 Bandbreite: Maßeinheit, die normalerweise in Bits ausgedrückt wird und die Menge an Information bezeichnet, die einen bestimmten Kanal passiert.

6 Vortrag auf einem Forum, das von Variety und Time Warner organisiert wurde; New York 1994.

7 Joël de Rosnay: »La revolución de las comunicaciones y su impacto en el hombre y en la empresa«. Vortrag am Institut Français, Madrid 1997.

8 Dokumentstruktur, die Texte und / oder Multimedia-Anwendungen enthält und zudem Verknüpfungen aufweist, die einen schnellen Zugriff auf andere Teile des Dokuments oder andere Dokumente irgendwo im Netz erlauben.

9 Es gibt bereits unendlich viele Firmen und Institutionen, die Computer einsetzen, welche auf taktiler Basis reagieren. Digitale Bleistifte und Zeigestöcke haben vielerorts die Maus ersetzt.

10 Algorithmus: Rechenvorgang, der nach einem bestimmten (sich wiederholenden) Schema abläuft und zentral für das Rekursionsprinzip der Informatik ist.

11 Sun Microsystems, Entwicklerfrma der Computersprache Java, hat beträchtlich zu dieser Erkenntnis beigetragen.

12 Im Januar 1998 unterzeichneten Canal+, Bertelsmann, AOL und die private Telefongesellschaft Cegetel eine Vereinbarung, um gemeinsam Distributeure des Internets in Frankreich werden.

13 Douglas Coupland: *Mikrosklaven*. Hamburg 1996, S. 52.

14 Joël de Rosnay, Einwurf während einer Versammlung des Club of Rome im Oktober 1997.

15 Beim Versuch, ihre Produkte über das Internet zu vertreiben, machten die nordamerikanischen Presseunternehmen 1997 ernorme Verluste. In Europa sieht es nicht anders aus. Dennoch ist die Zunahme der Werbung innerhalb des Systems bemerkenswert. Manche rechnen sogar damit, daß im Jahr 2000 in den USA der Kleinanzeigenbereich zu zehn Prozent online abgewickelt wird.

16 George Contopoulos: »Orden y caos«. Konferenz der Stiftung BBV, Madrid 1997.

17 Anthony M. Rutkowsky: »The Internet: An Abstraction in Chaos«. In: *Aspenia*, Jahreszeitschrift des Instituts zur Informationsforschung, Aspen Institute 1997.

18 Donald N. Michel: »Too Much of a Good Thing? Dilemmas of an Information Society«. In: *Journal of Technological Forecasting and Social Change*, 1984.

19 Zeit des größten Zuschauerschnitts.

20 Laut CNN verbrachten die Amerikaner 1997 im Durchschnitt eine halbe Stunde im Internet.

21 Antonio Machado: *Proverbios y cantares*. Übersetzung von Fritz Vogelsang.

22 Manuel Martín Serrano: *Las transformaciones sociales vinculadas a la era audiovisual*. Madrid 1996.

23 Derrick de Kerckhove: *The Skin of Culture.* Toronto 1995.

24 Platon: *Der Staat,* VII, 514a–515d. Zürich 1950.

25 Die nordamerikanische Bundesregierung forderte von Microsoft, den Internet Explorer nicht mehr kostenlos und automatisch seinem neuesten Betriebssystem hinzuzufügen und stellte dem Unternehmen ein Ultimatum. Die Konkurrenz wirft Bill Gates vor, sie aus dem Markt drängen zu wollen. Zu dieser Zeit hatte Netscape noch einen Marktanteil von etwa 75 Prozent.

26 Anfang 1998 kam es zwischen dem Unternehmen und der Regierung zu einer ersten Übereinkunft.

27 Diese Klassifizierung stammt aus der Fachzeitschrift *Screen Digest Journal.*

28 Heute sind in Europa mehr als 22 Millionen Parabolantennen auf den Satelliten Astra ausgerichtet.

29 Ignacio Ramonet: *Un monde sans cap.* Paris 1997.

30 Killeranwendung.

31 Alberto González: »Un sheriff en el ciberespacio«. In: *El País,* 24. April 1997.

32 Pretty Good Privacy.

33 Fietta Jarque: »Las autopistas de la información quiebran el concepto clásico de la sociedad de la información«. In: *El País,* 4. Januar 1997.

34 William J. Clinton / Al Gore: *Technology for America's Growth. A New Direction to Build Economic Strength.* Februar 1993.

35 Alexander Broich: »Towards the Idea of a Perfect Market?«. Beitrag zum Bericht an den Club of Rome über die globale Informationsgesellschaft. Paris 1996.

36 Erich von der Geest: »El puesto de trabajo flexible«. In: *Ericsson Connection,* Stockholm, Juni 1995.

37 Gary Becker: *El capital humano.* Madrid 1983.

38 Siehe Artikel von Chister Asplund und Stij Björne in *Euro Futures.*

39 José B. Terceiro: *La sociedad digital.* Madrid 1996.

40 Bertrand Schneider: »El futuro de la educación«. Beitrag zum Bericht an den Club of Rome über die globale Informationsgesellschaft. Paris 1996.

41 Ricardo Díez Hochleitner: *La Educación Secundaria, pivote del sistema educativo.* Madrid 1997.

42 Edgar Morin: *Terre-Patrie.* Paris 1993.

43 In: *Convergence,* 1995.

44 Gateway to Europe's Librairies.

45 José B. Terceiro: »El futuro digital del libro«. Vortrag auf einer Konferenz der Universität Menéndez y Pelayo. Santander 1997.

46 Nicholas Negroponte: *Total digital.* München 1995.

47 Laut einer Studie der Investment Bank J. P. Morgan sind etwa 56 Prozent der nordamerikanischen Haushalte an das Pay-TV-System angeschlossen, in der Europäischen Union nur 12 Prozent. »The European Pay-TV Industry.« In: *The Full Monty.* London 1998.

48 Interaktive Compact Disc.

49 Die Geldmasse, die innerhalb eines Tages verschoben wird, entspricht etwa dem jährlichen Bruttoinlandsprodukt eines Landes wie Frankreich.

50 Denis Meadows: *Die Grenzen des Wachstums.* Bericht an den Club of Rome. Stuttgart 1972.

51 Jesús Banegas Nuñez: »Tecnologías y negocios en la era digital«. Vortrag an der Universität Menéndez y Pelayo. Santander 1996.

52 Denke global, handle lokal.

53 Jacques Le Goff: Interview. In: *El País,* 30. August 1997.

54 André Danzin: »Las infopistas y el choque cultural«. Bericht an den Club of Rome.

DANKSAGUNG

Obwohl *Im Netz* als das Werk eines einzelnen Autors präsentiert wird, ist es doch Frucht der gemeinschaftlichen Forschungsarbeit einer Gruppe internationaler Experten. José Manuel Morán, Ingenieur und ehemaliger Präsident der Fundesco (Fundación para el Desarrollo de la Función Social de las Comunicaciones), trug dazu bei, die technischen Aspekte redaktionell zu bearbeiten; Bertrand Schneider, Diplomat und Generalsekretär des Club of Rome, erarbeitete die Grundlage für das Kapitel über die Erziehung; die der Ökonomie gewidmeten Seiten sind zu einem großen Teil inspiriert von dem ausgezeichneten Vorbericht, den Alexander Broich verfaßt hat, welcher wiederum von den guten Diensten der Bertelsmann Stiftung profitieren konnte; die spanischen Professoren Cayetano López und José B. Terceiro waren so freundlich, den ersten Entwurf durchzusehen und zahlreiche Korrekturen und Ergänzungen vorzuschlagen, ohne die der Text nicht derselbe wäre; Josefina Bello, promovierte Historikerin, arbeitete eine Zeitlang als Dokumentarin und Sekretärin des Teams; für die Übersetzung ins Englische, also jener Sprache, in der der Originalbericht vor der Versammlung des Club of Rome und seiner Exekutivkomitees vorgestellt wurde, zeichnete News Clip verantwortlich. Die Diskussionen und Debatten innerhalb des Clubs während seiner Versammlung in Washington im Oktober 1997 trugen eine große Anzahl an Daten bei und erhellten viele der Aspekte zu den hier behandelten Fragen. Don Tapscott, Präsident der *Alliance for Converging Technologies* und einer der weltweit führenden Experten auf diesem Gebiet, schrieb das Vorwort, in dem er die Thesen, die hier vertreten werden, kritisch zusammenfaßt.

Die Sparkasse von Zaragoza stellte uns für die Arbeitstreffen ihren Hauptsitz zur Verfügung; die Fundación Catalana de Gas vergütete den Autoren die Vorberichte und bestritt die Kosten für Reisen und Übersetzungen.

Ricardo Díez Hochleitner, dem Präsidenten des Club of Rome, ist es zu danken, daß dieses Buch überhaupt geschrieben wurde; ihm sind auch zum großen Teil die Leitlinien dieser Arbeit geschuldet. Und ganz zum Schluß: Nichts wäre möglich gewesen ohne die unverbrüchliche Kraft und die Persönlichkeit meiner Frau, Teresa Aranda, die mich in ganz besonders schwierigen Augenblicken dazu ermutigt hat, mich mit einem derart komplexen Thema auseinanderzusetzen.

Ihnen allen: Herzlichen Dank.

Howard Bloom

GLOBAL BRAIN

Die Evolution sozialer Intelligenz

Futurologen und Wissenschaftler sagen die Entstehung eines globalen Gehirns voraus, welches durch Computernetzwerke und intelligente Agenten zusammengehalten wird. So spannend diese Vorstellungen auch sein mögen – der Soziobiologe Howard Bloom warnt dennoch vor unangebrachter Euphorie; denn Vernetzung ist kein Produkt des ausgehenden 20. Jahrhunderts, sondern ein Milliarden Jahre altes Erbe der Natur.
Bereits die primitivsten Lebensformen, etwa Bakterienkolonien, bedienten sich sozialer Intelligenz. Deren Entwicklung ging mit der Evolution der Lebewesen Hand in Hand und kehrte dabei auch ihre dunklen Seiten hervor: Konformitätsdruck, Gruppenzwang, erlernte Hilflosigkeit, sozialer Ausschluß. Bereits jetzt ahnen wir, daß auch das Zeitalter der globalen Vernetzung seine Ausgeschlossenen und Verlierer hervorbringen wird.
Anhand zahlreicher Fallstudien läßt Bloom die biologische Programmierung sozialen Verhaltens von bakteriellen Netzwerken bis zum World Wide Web Revue passieren und wirft einen neuen Blick auf den Bauplan und die Funktionsweise der sozialen Seele. Howard Blooms Geschichte des globalen Gehirns ist ebenso faszinierend wie erschreckend.

DVA

Artur P. Schmidt · Blue Planet Team Network

DER WISSENSNAVIGATOR

Das Lexikon der Zukunft

New Work, Interaktivität, Bioinformatik, Netzwerk-
Ökonomie, Wissensgesellschaft, Risiko-Management –
Kurs in Richtung Zukunft kann nur nehmen, wer die
Sprache der Zukunft spricht.
Der Wissensnavigator ist Ihre Eintrittskarte in die neuen
Wissens-Welten. Das Lexikon der Zukunft enthält
256 Artikel zu den wichtigsten Trends in Wissenschaft,
Ökologie, Technik und Management. Es erklärt ausführ-
lich und kompetent Begriffe und Zusammenhänge und
ermöglicht durch Querverweise und Links ins World
Wide Web individuelle Formen der Wissensnavigation.
Mithilfe der beigefügten CD und des mitgelieferten neu-
esten Internet-Browsers von Netscape kann das Lexikon
auf dem Internet frei schwimmen.

DVA